功与过

社会生活中的赏罚

Credit and Blame

[美] 查尔斯·蒂利 著
李钧鹏 译

上海文化出版社

目 录

序 …………………………………… 1

第一章　功劳、罪过与社会生活………… 1
第二章　正　义……………………… 33
第三章　功　劳……………………… 65
第四章　罪　过……………………… 97
第五章　胜利、失败与罪过的记忆…… 129

参考文献……………………………… 165
译后记………………………………… 179
出版后记……………………………… 182

序

我们人类终其一生都在攻瑕指失、接受表扬和（往往心有不甘地）夸赞他人。可预的生活愿景可能会包括比重各异的功与过，而我们之中无人能够遏制评价他人和自身行动的欲求，无论是褒是贬。我想，之所以如此，是因为我们经历了进化过程的大脑试图理解"X对Z做了Y"的行动和互动。X导致Y发生，而Z承受其后果。我们不会像看着雨水在窗台上滴成水坑那样漠然目睹X-Y-Z接连发生。相反，我们赋予这些序列以道德分量，我们每天屡屡判定自己或他人是否做了正确之事（往往不多加推敲）。不仅如此，我们希望做对事的人获得奖赏，做错事的人受到惩罚。本书聚焦于我们人类如何对他人以及我们自己的行动做出公正的赏罚。

在超过半个世纪的研究、写作和教学中，我的大多数专业作品关心的是革命、社会运动和国家转型等大规模政治过程。任何研究或参与过这些过程的人都会发现功与过无处不在。政治领袖（经常不正义地）将政权之功据为己有，在事态不妙时将罪过推给政敌或下属，有时还向支持者授以勋章、头衔或挂名的闲职。评功论过同样也发生在其他社会场合中，大到企业，小到家户。无论场合大小，社会生活中随处可见功与过。

2006年，普林斯顿大学出版社出版了我的小书《为什么？》。那本书的核心问题是：当人们为自己所做、自己所见或他人所为之事面向其他人给出理由时，发生了什么？书中给出了两个[①]相互联系的答案。首先，理由的给出者在四种不同的理由中选择：**惯例**——"生活不易"，**准则**——"这是规定，我必须遵守"，**技术性说明**——"作为医生，我们对病因的看法如下"，以及**故事**——"杰里被乔惹怒，把乔暴揍了一顿"。其次，即便是对同一件事，理由的给出者也会依据与接收者的关系而给出有着系统性差异的理由。对于一个孩子的暴脾气，心理医生和孩子奶奶给一位母亲的理由大不相同，我们觉得这很正常。再次，每当人们彼此给出理由时，他们总在同时协商、建立、改变或确认他们之间的关系。多数理由的给出是在确认既有的关系，所以，当有人给出不当理由时，我们会感到惊讶或不安。《为什么？》用上述洞见审视形形色色的社会生活场景，包括法庭上的理由给出、公开辩论以及向非专业人士解释专业科学的努力。

《功与过》承接了一个《为什么？》故意搁置的问题。当某人的行动严重影响了其他人的福祉，而我们为这个人的行动给出理由时，我们在对此做什么？当我们在自己和受到上述这类行动影响的人之间看到某种联系时，我们不会对这种影响置若罔闻，用一句"不可避免"和"无法解释"了事。相反，我们试图评功论过，有时为不利的形势自责，有时为有利的结局领功。不仅如此，

[①] 疑为"三个"的笔误。——译者注

我们还在功过中寻求正义。我们并不满足于只是对导致上述后果的行为做出聪明或全面的解释。我们要求罚当其罪，赏当其劳，赏罚分明。不同群体和时期有不同的正义标准。但正义的共通点比文化相对论者所想象的要多得多。《功与过》找出那些共通点，并阐明它们是如何在小到朋友之间的争执，大到为了平息政治争端而设立的全国委员会中起作用的。

尽管对功与过的思考已有数年，但直到写作本书时，我才意识到自己搞错了一点。我一直以为功过互为镜像：罪过是功劳的倒置。但在考察个案时，我开始认识到，不同于功劳的认领与获取，罪过引发了良善的我们和卑劣的他们之间的区分，使我们和他们之间的边界更难逾越。不仅如此，相比功劳的共享、认领或奖励，罪过几乎总是要求"所为"和"所得"之间具有更严格的对应。我肯定还遗漏了其他同样重要的见解，而读者能一眼看出来。那再好不过了。毕竟，日常经验使我们都是功与过的专家。

有功则赏。对这本书最大的帮助来自那些不懈批评的朋友。亚当·阿什福思（Adam Ashforth）、克里斯蒂安·达文波特（Christian Davenport）、林恩·伊登（Lynn Eden）、安德烈亚斯·科勒（Andreas Koller）、蒂姆·沙利文（Tim Sullivan）、克里斯·蒂利（Chris Tilly）和薇薇安娜·泽利泽（Viviana Zelizer）对本书手稿提出了睿智的建议，约迪·贝德（Jodi Beder）对本书文字做了无可挑剔的编辑加工，特此致谢。

第一章　功劳、罪过与社会生活

在陀思妥耶夫斯基（Dostoevsky）幽暗阴森的小说《罪与罚》（*Crime and Punishment*）中，被迫辍学的罗季翁·罗曼诺维奇·拉斯科利尼科夫穷困潦倒、病魔缠身。他以反英雄形象出场，以英雄形象退场。全书开篇，拉斯科利尼科夫从自己破旧不堪的小屋走下楼梯，来到圣彼得堡的大街上。他一边盘算自己的行凶计划，一边喃喃自语：

嗯……对啊……一切都取决于一个人自己，胆小就会失去机会……历来如此……真想知道人最怕什么……最怕迈出新步子，说出**新想法**……可是我空话太多了。因为尽说空话，所以无所作为。不过也许正因为无所作为，所以尽说空话。①

时隔不久，拉斯科利尼科夫终于鼓起了勇气——或者说凶性——做出了残暴之举。他用一把偷来的斧头杀害了年迈的高利贷主阿廖娜·伊万诺夫娜，从老妇的脖子上割下一个油迹斑斑的钱袋，从她的床底翻出一个箱子，把里面的押品装到自己的口袋

---

① Dostoevsky 1964: 1-2.

里，与旁边五斗柜里的几千卢布失之交臂，并残杀了意外前来的利扎韦塔·伊万诺夫娜——老妇那饱经风霜的妹妹。

拉斯科利尼科夫随后惊慌失措地下楼，离开途中险些人赃并获。他仓皇逃回自己的陋室，惊魂未定、筋疲力尽地躺下，又爬起来，经过长途跋涉，把赃物藏到一个院子里的大石头下，再也没来取回这些不义之财。随着沙俄警方的大网向他收紧，小说的大部分情节围绕拉斯科利尼科夫与其他人关系的变化而展开。在催人泪下的大结局来临之前，拉斯科利尼科夫始终没能回报亲朋好友不计其性情乖张而慷慨给予的爱和赞誉。

拉斯科利尼科夫冲昏了头脑，指望以凶残的暴力凌驾于功过之上。但在对他的审判中，一些人为他在学校里出众的仁厚甚至英勇的作为作证：赡养离世同学的患病老父，从着火的房间里救出孩童，等等。这些义举，以及他的自首情节和体弱多病使他获判相对较轻的八年监禁。但拉斯科利尼科夫不以自己的仁厚和英勇为功。他自视为拿破仑那样的英雄。在他看来，这些英雄视善行为理所当然。为了人类更大的善，他们会毫不犹豫地大开杀戒。

后来，在西伯利亚的监狱服刑时，拉斯科利尼科夫再次反思道：

> 我问心无愧。当然，犯了刑事罪；当然，犯了法，杀了人；那就依据法律处死……这就行了！当然，要是这样，许多生来一无所有但自己争取权力的人类救星，他们在事业之初就应当受到惩罚。但那些人一举成功了，因此**他们是对的**；而

我失败了，所以我没有资格迈出这一步。①

尽管正在为自己的罪行受罚，在西伯利亚服苦役的拉斯科利尼科夫仍然拒绝接受对他的责难。

然而，在故事落幕之际，陀思妥耶夫斯基打破了阴郁的魔咒。陪拉斯科利尼科夫来到西伯利亚的昔日妓女索尼娅，以爱救赎了这位反英雄，开启了他的新生之路。最后，陀思妥耶夫斯基描绘了一幅类似于耶稣使拉撒路（Lazarus）死而复生的图像。对拉斯科利尼科夫来说，人生终于意味着评功论过。在这个世上，或许拿破仑这种人物可以逃脱人际关系的束缚，陀思妥耶夫斯基如是说。他的言下之意是，其他人都别无选择，必须为自己的行动承担责任，无论该行动是好是坏。

这个故事的教益有两方面：社会生活少不了承是担非或评功论过，但对功过的判定还涉及与他人的关系。虚无主义者、圣徒和效用主义者也许会想象这样的世界：只要理由直接来自宇宙、神明或全体人类，具体的人际关系就无足轻重。他们在拒斥他们自己的人性。拉斯科利尼科夫试图逃脱对其行动的功过评判即为一例。这样做，他也是在否认自己对他人的义务，包括对自己的母亲、妹妹、爱人索尼娅以及忠心耿耿的朋友德米特里·普罗科菲伊奇·拉祖米欣的义务。然而，对于你我凡夫俗子来说，正确处理人际关系可谓事关重大。

---

① Dostoevsky 1964: 521.

依据这一原则,本书考察人们在遂愿或失望时如何评功论过。它表明,评功和论过在本质上都是社会行为。它们具有双重的社会性。首先,社会中的人不会安于拉斯科利尼科夫那样对责任的漠然。相反,他们坚信,事情的好坏都是某些人导致的,而这些人应当为其行为的后果承担责任。他们不会满足于将后果归结为运气或命运。

其次,人们耗费极大的工夫为自己和他人划归这种责任。当其他人拒绝应得的功与过时,他们会大声抗议。人们如何对他人评功论过(或要求他人承认自己的功劳),首先取决于赞赏者和被赞赏者、责难者和被责难者之间的既有关系。但评功论过这一行为本身又界定或重新界定了双方的关系。本书将阐明何以如此。

想想你自己的日常生活吧。只消在午餐、茶歇或乘坐公交车时听听别人的交谈。我们都在反复谈论着谁有功、谁有过,尤其当我们觉得某个人(包括我们自己)没有得到应有的赏罚时。即便当事人觉得赏罚分明,他们也投入相当的工夫来评功论过:他们写颁奖词,夸赞好孩子,宣读判决书,对最新的丑闻评头论足。

有关功与过的故事并不像关于新出土的恐龙化石、最新的明星绯闻或街上的古董汽车一类的故事,只是激起人们的一时兴趣。它们唤起共情。之所以引发共鸣,是因为它们让我们想起自己的生活,无论我们与故事里的人有无任何直接关系。就如我们将要看到的,不管是战争、和平、政治、经济,还是日常的社会生活,人们都极为在乎功与过的恰切分配。本书想探讨的是,人们究竟如何评功论过?

功与过的社会生活

Credit（功）和 blame（过）的词源明确传达出了它们的社会基础。Credit 源自拉丁语 *credere*，意为信任或相信。这个动词的过去分词 *creditum* 表示委托给他人的物品，包括贷款。Credit 的存在以人们对其给出和接收的关系为前提。根据《牛津英语大词典》，credit 现在仍通行的含义包括：

1. 信念；信条；信仰；信任
2. 可信性；真实性
3. 信誉；美誉；荣誉；声誉；名气
4. 建立在他人信任基础上的个人影响力
5. 某项行动或个人特质所获得的荣誉或赞许

除了第一项（它可以只是一个人对地球存在的信赖），所有含义都强烈指向功劳的给出者和接收者之间的关系。

Blame 源自拉丁语 *blasphemare*，意为"谩骂"或"中伤"。只有在责难者和被责难者之间存在某种关系时，blame 才具有意义。（当然，人们有时的确会将自己的不幸归罪于命运、厄运、邪灵、神迹，甚至他们自己。可即便是在这些极端的情况下，他们谈论的仍是自己和给自己带来不幸的人之间的关系。）《牛津英语大词典》又一次阐明了这个词的社会基础："谴责；非难；对过错或缺陷的归罪；责备；斥责；指责。"A 责难 B，无论 B 是否罪有应得。

每个评功论过的行为都会用到某种有关公正的标准，无论多么隐蔽：一个人得到了（或未能得到）自己应得的。这一标准适用于功或过的对象。此外，如果你我要对他人评功论过，我们必然会用到这种或那种正当理由。[①] 在此，我们可以看到功与过的一处不同：功劳引述的理由将给予者和接收者置于同一道德阵营中，而罪过引述的理由则在二者之间区分了道德高下。在"向他人发难"时，我将自己从有罪者的世界分离了开来。

给予或接收功与过的人极度在意正义与不义。不过，我们这些旁观者无须过虑他们是否正确行事。本书并不寻求行为对错的普遍原则。在此，我们问的是人们如何评功论过，无论从我们个人的标准来看是否恰当。

我们可以首先将其作为一个认知和情感的问题来思考：什么样的心灵和内心活动使一个个体得出结论，认为自己或某个其他人因某个既定事件而应获功劳或罪过？查尔斯·达尔文正是这样问的。

达尔文的第三部力作《人类的由来》(*The Descent of Man*)专注于道德的认知与情感基础。达尔文列出了人类道德感的四种可能来源：（1）一切高等动物对相同社会群体成员发自本能的同情心；（2）对过去行动和动因（motives）的记忆，这些记忆增强了从持久的社会本能中得到的满足感，使其压倒短期欲望；（3）语言以及与其他群体成员的交流对前两项的强化作用；（4）包括

---

① Boltanski and Thévenot 2006.

"遵从群体意愿和判断"在内的习惯。①

尽管达尔文没有专门论述功与过,但他确实给出了如下结论:

> 如果一个人在回想时仍感到自己身上存在会导向有害他人之行动的欲望或本能(instinct),而且这种欲望或本能不弱于甚至强于他的社会本能,那么他将不会对欲望或本能的放纵有真切的悔意;但他会意识到,如果为旁人所知,自己的所作所为将会受到非难;很少有人会淡漠到对此无动于衷。②

心理学家和神经科学家如今已较少使用"本能"这个词了。然而,现在能够在实验进行的同时观察人脑活动的他们,正在证实达尔文的基本论点:社会性道德准则在高等动物中不断进化,且至少部分取决于和其他群体成员的关系以及与过错相称的惩罚。③不仅如此,在某种程度上,几乎所有人都偏爱以得到同伴赞许的方式行事。④我们之中的大多数人拒绝以拉斯科利尼科夫为楷模。

从而,在思考功与过时,我们面临着一个有趣的选择。我们可以专注于评功论过时先天或习得的深层次个人心理过程。我们也可以集中考察人们评长议短时如何对待彼此。本书选择后者。

---

① Wilson 2006: 818.
② Wilson 2006: 829–830.
③ Cushman 2006, Hauser 2006.
④ Brennan and Pettit 2004.

在承认内在道德倾向的同时，本书强调三个引人入胜且相互关联的问题：是什么社会过程引发了对个人的归功论过？拣选出有功者或有过者之后，人们又如何行事？评功论过如何影响当事人的生活？

我们对功与过都有足够的个人经历，可以凭自己的观察来检验一般性解释。例如，我唯一一次被"炒鱿鱼"的经历发生在二战期间，在芝加哥近郊的埃尔姆赫斯特（Elmhurst）。我当时尚未成年，每天放学后和周末都会去一家邻近的杂货店卸货、上架、拖地以及送货上门，挣一些来之不易的零花钱。

有一天，我跟一个块头和力气都比我大的男孩一起将早餐谷物食品从火车上卸下来，并将它们摆上货架。我们（尽管自利性的记忆中是"他"）发明了一种节省力气的办法：将一盒盒谷物食品从纸箱子中取出，并从约六英尺外将它们扔到一起。我们一边抛掷小麦干和玉米片，一边高声欢呼。商店老板在我们意兴盎然之际走入店里。他解雇了我，但留下了我的伙伴，只给了对方一次警告。尽管老板可能还有别的理由让我走人，但我依旧满怀愤懑，更别提我在告知父母这个消息后受到的责骂了，因为全家人都指靠父亲那点朝不保夕的收入。写这本书不是为了报复——我有六十多年没想过这件事了。但它体现了罪过对个人的影响。

功与过不只体现在一个少年的打工经历中，也体现在一些更重要的大事件中。20世纪80年代，推翻了独裁政权的拉美国家开始设立真相委员会（truth commissions），深入调查独裁政权的反对者遭绑架和杀害及其子女被抓捕和寄养的情况。在这之后，各种真相委员会随即得到推广，最为知名的是大主教德斯蒙德·图图（Desmond Tutu）领导的南非真相与和解委员会（South African Truth and Reconciliation Commission）。自1982年起的二十年中，世界各地成立了二十多个重要的真相委员会。2001年，福特基金会（Ford Foundation）赞助的国际转型正义中心（International Center for Transitional Justice）开始为真相委员会的设立提供指导。① 表1.1列出了设立于1982—2002年的真相委员会。这些委员会给了因政权变动或内战和平解决（或二者兼有）而上台的国家领袖一个机会，使他们得以审视过去的掌权者所造成的伤害。他们试图通过认错来达成和解。以东帝汶为例：

> 2001年7月13日，联合国东帝汶过渡行政当局（UN Transitional Administration in East Timor）发布条令，设立受理、真相与和解委员会（Commission for Reception, Truth and Reconciliation），开展三项工作：（1）对1974年4月—1999年10月导致二十万左右东帝汶人死亡的人权侵犯事件展开调查；（2）通过当地的"社区和解程序"（Community Reconciliation Processes），促成公开认错的轻罪人员的和解与融合；（3）推荐预防未来侵害和满足受害者需求的进一步措施。经过历时一个月的公众提名和选举，七位全国委员于2002年1月21日在帝力（Dili）宣誓就职。②

---

① ICTJ 2007.（原文误为ICJT 2007。——译者注）
② USIP 2005: 2.

表 1.1　真相委员会，1982—2002（括号内为设立年份）

玻利维亚（1982）	全国失踪者调查委员会（National Commission of Inquiry into Disappearances）
阿根廷（1983）	全国失踪者委员会（National Commission on the Disappeared）
乌拉圭（1985）	失踪者及相关事件调查委员会（Commission for the Investigation of the Situation of the Disappeared and Related Events），以及其他三个委员会（1985—2000）
津巴布韦（1985）	调查委员会（Commission of Inquiry），调查结果仍未公开
菲律宾（1986）	总统人权委员会（Presidential Committee on Human Rights）
乍得（1990）	前总统哈布雷及其党羽罪行与侵吞公款调查委员会（Commission of Inquiry on the Crimes and Misappropriations Committed by the ex-President Habré, his Accomplices and/or Accessories）
智利（1991）	全国真相与和解委员会（National Commission for Truth and Reconciliation）
尼泊尔（1991）	评议会时期失踪人员寻找委员会（Commission of Inquiry to Locate the Persons Disappeared during the Panchayat Period）
萨尔瓦多（1992）	萨尔瓦多真相委员会（Commission on the Truth for El Salvador）
德国（1992）	德国统一社会党政权历史与影响评价研究委员会（Study Commission for Working Through the History and the Consequences of the SED Dictatorship in Germany）
危地马拉（1994）	历史真相调查委员会（Commission for Historical Clarification）

海地（1994）	全国真相与正义委员会（National Truth and Justice Commission）
斯里兰卡（1994）	非自愿移除或失踪调查委员会（Commissions of Inquiry into the Involuntary Removal or Disappearance of Persons）
乌干达（1994）	人权侵犯调查委员会（Commission of Inquiry into Violations of Human Rights）
南非（1995）	真相与和解委员会（Commission of Truth and Reconciliation）
厄瓜多尔（1996）	真相与正义委员会（Truth and Justice Commission）
尼日利亚（1999）	人权侵犯调查委员会（Human Rights Violations Investigation Commission）
塞拉利昂（1999）	真相与和解委员会（Truth and Reconciliation Commission）
秘鲁（2000）	真相与和解委员会（Truth and Reconciliation Commission）
韩国（2000）	可疑死亡案件总统真相委员会（Presidential Truth Commission on Suspicious Deaths）
东帝汶（2001）	受理、真相与和解委员会（Commission for Reception, Truth, and Reconciliation）
加纳（2001）	全国和解委员会（National Reconciliation Commission）
巴拿马（2001）	巴拿马真相委员会（Panama Truth Commission）

塞尔维亚和黑山（2002）	塞尔维亚和黑山真相与和解委员会（Truth and Reconciliation Commission for Serbia and Montenegro）

资料来源：USIP 2005[①]

这种真相委员会通常更关注认错与和解，而非确立作为真相的历史事实。但它们必定少不了评功论过。它们为作恶者提供了一个悔过自新的机会，就像拉斯科利尼科夫最终在索尼娅的感召下坦然面对自己罪恶的过去一样。它们还允许新任国家领导人享有昔日苦难和今日宽容之功，或将这些功劳授予他人。

并非所有国家领袖都走了这条路。例如，莫桑比克时任总统若阿金·希萨诺（Joaquim Chissano）就表示拒绝。[②] 尽管如此，玻利维亚、阿根廷、乌拉圭以及其他二十个国家找到了以真相委员会来评功论过的和平之路。如果旨在彻底的民主转型，大多数真相委员会并未如愿。表 1.1 中，只有个别政体（阿根廷、乌拉圭、智利、德国、南非、韩国）顺利加入了民主阵营。但不管怎样，通过黑暗历史的公开展现，罪过判给了作恶者，受害者、幸存者和继承者也获得了应有的功劳。它在好人和坏人之间画出了一条界线。它由此给了悔悟的作恶者一个洗心革面的机会。

评功论过

在解雇不尽如人意的员工和设立真相委员会时，在无数其他

[①] 原表有若干错漏，译者对照 USIP 网站逐一做了修正。——译者注
[②] Rotberg 2006: 37–38.

评功论过的场合中，人们做出了相似度惊人的判定。他们都对后果（outcome）、能动性（agency）、能力（competence）和责任（responsibility）做出判定。真相委员会和其他判定人确认过去发生的恶劣事件，找出作恶者，确定这些作恶者是否具有造成不良后果的能力，并进一步调查作恶者是否因知晓可能的后果而承担相应责任。

从而，对某人评功论过就意味着将其视为导致了某种后果的能动者，无论后果是好是坏。它意味着将某人视为有效的能动者。能动者的行动所引发的后果越严重，潜在的功劳或罪过就越大。但评功论过还将责任归于能动者：其所作所为并非偶然为之、无意为之或率性为之。相反，他带着对可能后果的或多或少的了解行事。不仅如此，能动者必须具有能力，能够酝酿行动。我们也许会在幼童或爱犬从摆满食物的餐桌上抽掉桌布时惊声尖叫，或对他们在不速之客闯进屋内时大声叫喊而谢天谢地，但幼童或爱犬都不会为其全责行为受到责备或夸赞。①

后果显然程度各异。与真相委员会所处理的罪行相比，一个少年在20世纪40年代被炒鱿鱼显然微不足道。我们不妨从一个行动对价值的影响的角度来考虑它。如果某行动只对被影响者的财富与能力值有微不足道的影响，我们可以说价值接近零。相反，如果行动事关人命，且分值从0到1，我们可以说价值接近1。行动所产生的价值变化标示了行动的分量。

---

① Ramsey and Abrams 2001: 385-388.

因此，我们必须区分价值的正向和负向变化：如果一场行动提升了财富和能力，变化就是正向的；如果行动削减了财富和能力，变化则为负向。挽救十几条人命产生高正向价值。杀害十几个人产生高负向价值——除非他们碰巧是敌军。和能动性、能力和责任一起，后果的价值（正或负）指引了功与过的裁决。

另一个重要的限定是：责任并不必然等同于原因。关于某个病人的真正死因，你、我和医学专家的判定往往无关罪责的最终裁决。通常说来，原因-结果关系只在责任认定中起到次要和偶然的作用。这种认定一般强调意图和能力的判定。甚至责任裁决的法定程序往往也不以某一后果的真正成因为主，而是一个具有正常能力的人（无论是医生、律师、工程师，还是普通民众）该想什么，会做什么。

依据一条经久不衰的立法原则，"理性自然人"（reasonable person）是这种判定的标准。下面是《布莱克法律大词典（第七版）》（*Black's Law Dictionary*）中的定义：

> 作为立法标准的虚拟自然人，经常用以决定某个人的行动是否出于过失。理性自然人理智行事，不严重拖延，采取适当而不过分的预防措施。又称"合理人"（reasonable man）、"审慎人"（prudent person）、"普通审慎人"（ordinarily prudent person）或"合理审慎人"（reasonably prudent person）。

这部法律词典进一步指出，理性自然人并不简单指普通人，而是指审慎的普通人。

它还界定了合理注意（reasonable care）："它作为过失责任的衡量标准，是指一个审慎的、有能力的、从事相同事宜或事业的人在类似情形下所表现出的谨慎程度。"以医疗事故为例，作证的医生主要讲述自己诊疗领域内在某一情况下的通行操作标准，而不是病人残疾或死亡的真正原因。①法官和陪审团必须做出决定，被控医疗事故罪的医务人员是否遵循了广为接受的程序。

如果一个行动没有改变现状，即没有产生价值上的改变，那么就没人得到功劳或罪过。价值涨幅越高，功劳越大，但仅就能动者行使相应的责任而言。无意间挽救一条生命所分得的功劳，要少于有意地拯救一条生命，尤其在救人者冒着巨大的风险时。

声名显赫的成功企业经理人所写的指南类书籍，往往正是以这种方式将功劳据为己有。在他们笔下，经过自己的不懈努力，他们为公司带来了价值的提升。房地产大鳄、电视明星唐纳德·特朗普（Donald Trump）即为一例。他写过一本妄自尊大、自吹自擂的《致富术》（How to Get Rich），告诉你如何以他为榜样。如果你照做，或许你也能赚到五十亿美金：

> 我越来越将经营企业看成是指挥作战。发号施令责任重大，不仅是对你，对你的队伍同样如此。在很大程度上，你

---

① Lawcopedia 2006, Tilly 2006a: 第四章。

的雇员是死是活取决于你和你的决策。坏策略有可能影响到一大批人。领袖角色由此有了一个新的维度。你的每一个决定都事关重大,无论为你打工的是两万人还是区区一个人。①

要赚大钱,你必须当机立断、胆识过人、毫不含糊、心无旁骛。你的能力将提升活动的价值。当然,如果你是个说一不二的老板,而意见不同者都不敢作声,那么,将功劳据为己有将容易许多。

无独有偶,通用电气公司(GE)前首席执行官杰克·韦尔奇(Jack Welch)同样声称,自己的"耿直"是公司成功的关键:

> 从我加入 GE 的那一天起,一直到二十年后被任命为首席执行官,我的上司们都曾就我的直性子告诫过我。我被贴上了行事粗暴的标签,并不断被警告,我的直性子不久就会妨害我的职业生涯。
>
> 我在 GE 的职业生涯如今已告终结,而我要告诉你,正是我的直性子发挥了作用。越来越多的人也如此行事,如此之多的意见,如此之多的能量。我们直来直往,每个人都从中获益。②

韦尔奇告诉我们,他的坦诚相见让整个公司朝气蓬勃。坦诚

---

① Trump 2004: 3.

② Welch 2005: 34-35.

相见提升了价值。杰克·韦尔奇的责任和能力产生了积极的后果。难怪跻身美国最具影响、收入最高的公司经理人之列的巴里·迪勒（Barry Diller）夸赞道："杰克就是生命的能量。"①

罪过正好相反。一个行动越有损价值，其罪过就越大，但这还是仅就能动者对其行动行使相应的责任而言。在企业贪腐的案例中，股东、法院与公众花费大量精力，试图了解谁掌握足够多的内幕，并利用这些内幕作弊。有能力且蓄意造假以致引发公司灾难的人罪过严重。类似情况在政界屡见不鲜。种族隔离时期的南非，一名国防军士兵枪支走火，打死了一位游行者，这名士兵的罪过要小于一个追踪活动分子并一枪打死后者的军人。

尽管如此，我们未必想让这位国防军士兵逍遥法外。虑及种族隔离的残虐，我们很可能认为，加入这个专制政权本身就是罪过。毕竟，它直接引发了能动者的责任，并将能动者与专制政权对黑人做出的巨大伤害联系起来。我们依旧会将对能动性、后果、责任和能力的判定串联起来。一般说来，受到明显伤害的人不会以"这种事难免发生，命该如此"了事。他们要找出某人或某事来归责。

罪过与巫术

南非的巫术展现了另一种迥异于种族隔离和压迫之罪的罪过。1990 年，始于 1948 年的种族隔离制度在这个国家宣告终结。

---

① Thomas 2006: 第五章。

历经二十七年的牢狱之灾,非洲人国民大会(African National Congress,简称"非国大")领袖纳尔逊·曼德拉(Nelson Mandela)是年重获自由。尽管国民党(National Party)的 F. W. 德克勒克(F. W. de Klerk)名义上仍是国家元首,但其政府与曼德拉和非国大密切合作。曼德拉在 1994 年当选总统。

1990 年,澳大利亚裔的美国政治学家亚当·阿什福思出版了一部研究种族隔离的法制与政治史的重要著作。在一次南非之旅中,阿什福思极其偶然地开展了一项新的政治民族志研究。自 1990 年起,他多次和索韦托(Soweto,全称为 South West Township,意为"西南乡")的一户家庭同吃同住。索韦托是约翰内斯堡西南几英里开外的一个大型黑人定居点。阿什福思成为索韦托社会生活圈的一部分。有高加索血统的阿什福思身材高大,和当地人在一起时显得格格不入,但他迅速融入了当地的风土人情。他和索韦托街道上的年轻人打成一片,和地下酒吧的朋友们一起喝城堡(Castle)啤酒,还在祖鲁人(Zulu)的乐队里拉小提琴。

20 世纪 80 年代,阿什福思曾在纽约市社会研究新学院(New School for Social Research)的一个研究中心从事为期一年的博士后研究,利用这段时间撰写关于种族隔离的书。作为该研究中心的主任,我和他结下了深厚的友谊。1990 年,我应邀去南非发表演讲并参加学术会议,阿什福思邀请我住在他的索韦托新家。他介绍我认识了许多朋友,其中一位年轻男子叫马杜莫(Madumo)。阿什福思后来写了一本精彩纷呈的著作,记载了马杜莫的巫术遭遇。

志存高远的马杜莫努力想要接受大学教育,并说服阿什福思为他出了一部分学杂费。(见到我之后,马杜莫也想让我解囊相助,但被我婉言拒绝。)然而,当阿什福思几年后从纽约重返索韦托时,马杜莫却已销声匿迹。他不再和家人住在一起,也几乎断绝了和朋友的一切联系。阿什福思一路追查,得知马杜莫也成了一个巫术的受害者。更确切地说,他的弟弟和妹妹指控他施展巫术,并将他赶出家门。当他们的母亲去世时,其他家庭成员怀疑自命不凡的马杜莫下了致命的毒药。马杜莫知道自己是无辜的,但他开始觉得是某人或某物诅咒了他。

阿什福思找到他的时候,马杜莫坚信,只有让祖先转怒为喜,自己才能破除诅咒。他抽了一口烟,向阿什福思抱怨道:

"你以前见过我这样吗?没有。我跟你说,出大事了。问题**大**了。我尽力了。但你看都发生了什么。看看我!我无家可归。连家人都不再理我。朋友也不理我。为什么?"

他又吸了一口烟。"其中必有理由。肯定有。所以我才怀疑和祖先有关。"他停了一下,目光从毛毯上的焦痕移开,抬起头来。我撞上他的目光,但无话可说。"你知道的,亚当。我过去对巫术和祖先这些东西并不太关注,虽然我母亲**确实**是个信徒。但现在,我必须面对它。问题大了。很严重。我没办法视而不见。"

"所以你怪罪你的祖先咯?"

"不是怪罪,"他解释道,"这么说吧,他们好像在慢慢忘记我。因为觉得我忘了他们，所以他们要忘记我。"①

马杜莫继续说，祖先们拒绝庇佑他，原因无疑是自己冷落了他们。母亲在世时，几个兄弟都为祖先上坟，马杜莫却不屑一顾，认为这不过是烧钱的迷信。如今他对自己的怠慢追悔莫及。

尽管有些犹豫，阿什福思还是觉得要帮朋友安抚祖先。第一步是净化：在一位非洲治疗师的指导和福音派教徒的协助下，马杜莫连续数周被强制呕吐，并焦虑不安地拜会几位先知。之后他们宰杀了一只鸡，举行了一个悼念马杜莫母亲的小型宴会，并试图与指控马杜莫施展巫术的弟妹和解，但是中间颇费周折且最终未能遂愿。后来，马杜莫和阿什福思还曾发生过隔阂。

最终，马杜莫用阿什福思的钱回到了南非和博茨瓦纳边境附近，在先人的土地上举行赎罪仪式。他亲赴祖先的坟墓，以一只公羊献祭，组织酿造啤酒，并广邀众人参加一场正式的大型聚会，他本人则戒肉戒酒。阿什福思的书记载了这场磨难以及马杜莫从诅咒中的复原。

作为一个坚定的西方理性主义者，我一向抵触阿什福思视巫术为明确存在的社会实在的主张。但阿什福思最终使我相信，在南非和其他一些地方，信仰强有力地塑造了社会生活。在后来的一部著作中，阿什福思对南非的巫术问题做了更宽泛的反思。出于两个理由，他认为这一问题威胁到了这个国家来之不易的民主。

---

① Ashforth 2000: 21–22.

首先，一部分非洲人的生活蒸蒸日上，大多数却每况愈下，煽动巫术猜疑的嫉妒心理由此愈发普遍和强烈。其次，官方对巫术的否定，意味着政府从上到下未能正视一个普通南非民众在日常生活中感受深切的问题：如果政府对巫师无能为力，它又如何改善老百姓的生活？

阿什福思深思了这一处境：

> 不理解巫术以及与之相关的精神上不安的方面，就无法理解非洲的生活。然而，对于我们这些世界观承袭自欧洲启蒙运动的人来说，非洲人日常生活中的巫术实在是让人难以领会。许多非洲人坚称，我们甚至不该尝试去理解，他们认为外人对非洲巫术的兴趣不过是对异国风情的毫无意义的偷窥，分散了对肆虐非洲大陆的贫困、暴力、疾病等更重要问题的应有关注。他们提醒我们，在整个殖民地时期，不仅欧洲人对非洲人的精神世界嗤之以鼻，而且殖民者对非洲巫术的迷恋更是固化了非洲人缺乏理性的成见，并支持了殖民者的说法：没有白人老爷，非洲人就无法自处。要不是目睹了太多对巫术的恐惧所造成的伤害，我可能也会这么想。①

尽管阿什福思因帮助马杜莫逃离巫师魔爪而获得一些功劳，但巫术大体上不怎么涉及功劳。南非人不会为成为巫师而吹嘘。

---

① Ashforth 2005: xiii–xiv.

相反，巫术以罪过为核心。它使社会关系中的人心生疑虑，认为自己之所以陷入困境，是因为有人以能动性、责任和能力造成了严重破坏。巫术以此毒化了社会关系。

巫术的例子澄清了功与过的一项关键特征。纵观世界，人们所做的远不止评功论过，他们经常将自己的社会经历包装在故事中：以屈指可数的行动者、为数寥寥的行动以及删繁就简的因果陈述构成解释性叙述，其中行动者的行动产生了所有重大后果。[①] 马杜莫的家人和朋友所讲述的关于他的故事几乎摧毁了马杜莫的生活。故事一目了然。要讲述巫术的故事，巫师、巫术的施展、施咒对象以及邪恶的后果足矣。言简意赅加强了故事的力量。

故事对社会生活意义重大，主要是由于其三大特征：

1. 故事从属于眼下的关系，因而随这样那样的关系而有所不同；对于一段破碎的恋情，母亲和泛泛之交会听到不同的故事。
2. 故事加工并简化了社会过程，使之便于讲述；"X 对 Y 做了 Z"对于所发生之事传递出一幅令人印象深刻的图像。
3. 故事包含了强烈的责任判定，因此容易导向道德评判。这一特征使故事对事后判定极为重要。它还有助于解释，为什么在自己的表现不甚光彩时，人们会改动故事。

---

① Tilly 2002a, 2006a.

相比对同一事件或后果的科学说明,日常生活中的故事极度简化了原因-结果关系。它们凸显少数几个行动者,其性情和行动导致了一个有限时空中的一切。行动者有时包括超自然存在与神秘力量,例如解释不幸的巫术,但行动者的性情与行动解释了所发生之事。马杜莫的家人将对巫术的指控放入他对母亲做手脚的故事中。马杜莫继而接受了自己冒犯祖先的故事。

从而,故事势必淡化或忽略了真正引发人类社会生活的原因和结果的复杂网络。① 对于马杜莫遇到的麻烦,亚当·阿什福思试图以具有西方理性主义色彩的故事取代马杜莫本人及其家人的故事,但无疾而终。然而,故事为评判行动者和归结责任提供了有益的材料。故事是功与过的有力工具。

功与过的政治

诚然,故事的简化程度有高有低。陀思妥耶夫斯基的《罪与罚》以故事贯穿始终;直到拉斯科利尼科夫及其亲人的故事陆续就位,我们才开始理解书中的许多故事。但在日常生活中,我们听到和讲述的故事大幅简化了能动者、原因和后果:某人对他人做了某事,造成了某种后果。

尽管政治生活的幕后充斥着交易和妥协,但是在它的大广场上满满的还是功与过的故事。在美国和其他地方,公共政治往往表现为认领或否认功劳、指认或否认罪过。美国的立国文书,

---

① Tilly 1995b, 1996.

1776年《独立宣言》灵巧地结合了功与过。以"集合在大陆会议下的美利坚联合邦的代表"名义,这份文书提出了正式控告:

> 我们不是没有顾念我们英国的弟兄。我们一再警告过他们,他们的立法机关企图把无理的管辖权横加到我们的头上。我们也提醒过他们,我们移民并定居来这里的状况。我们曾经呼唤他们天生的正义感和侠肝义胆,我们恳切陈词,请他们念在同文同种的份上,弃绝这些必然会破坏我们彼此关系和往来的无理掠夺。对于这种来自正义和基于血缘的呼声,他们却也同样置若罔闻。迫不得已,我们不得不宣布和他们分离。我们会以对待其他民族一样的态度对待他们:战时是仇敌,平时是朋友。①

故事是这样的:他们——"我们英国的弟兄"——具有预防不良后果的能动性、责任与能力,因此与英国国王和国会共担罪过。

一个五人小组起草了《独立宣言》:约翰·亚当斯(John Adams)、本杰明·富兰克林(Benjamin Franklin)、托马斯·杰斐逊(Thomas Jefferson)、罗伯特·利文斯顿(Robert Livingston)和罗杰·舍曼(Roger Sherman)。这五个人从一开始就知道,为

---

① Maier 1997: 240-241.(本段采用任东来的译文,载任东来、陈伟、白雪峰等:《美国宪政历程:影响美国的25个司法大案》,第510页,中国法制出版社,2013年第三版。——译者注)

使摆脱英国统治的激烈行动具有正当性,他们必须强烈谴责英国国王和国会。① 他们将美国人的克制归功于自己,而将主要罪过推给英国国王。不过,他们也谴责了未能抵抗国王暴政的英国国会。

在战友们撰写《独立宣言》时,乔治·华盛顿(George Washington)正在纽约集结大陆军(Continental Army)。但作为独立国家的首任总统(1789—1797),他前台幕后样样精通。1796年9月19日②,在第二届总统任期即将届满时,华盛顿发表了一篇至今仍广为流传的告别词,该文被奉为公开评功论过的典范。在任期内,华盛顿整合了联邦政府,并加强了美国边境的防卫。但在他的统治下,政党涌现,欧洲爆发大战,宾夕法尼亚发生反抗政府财税政策的大规模起义〔威士忌暴乱(Whiskey Rebellion)〕。这些事件在华盛顿向全国人民的致辞中均有所体现。

对于自己的功劳,华盛顿不矜不伐:

> 辞任之际,我只想说,尽管才疏学浅,但自己已为这个政府的创立和管理竭尽心力。就任之初,我并非不知自己资质平平;为官几载,我愈加意识到自己的不足,别人眼中只怕更是如此。年事渐高,我日甚一日地感到,卸任不仅合情合理,而且将为人所乐见。值得满意的是,自己如有任何贡献,那也只是一时之功,因此,我欣慰地相信,退出政坛虽

---

① Maier 1997: 105-142.
② 原文误为9月18日。——译者注

是自己衡情酌理之选，却不违我的爱国之心。①

从而，华盛顿拒绝了任何立他为王或终身总统的想法。约翰·亚当斯已磨砺以须，准备接替他的职位。

在这篇告别书中，华盛顿还做了不点名的批评。他对地方主义、对外战争以及"派系之争"提出警告：

> 一切有碍法制的行为，一切圈子和团体，无论多么堂而皇之，只要真实意图在于引领、控制、妨碍或恐吓合法政府的例行决策与运作，都侵犯了[人人皆有义务服从合法政府]这一基本原则，并可能引发极其严重的后果。它们造成派系纠纷，人为赋予派系以巨大力量；它们使口蜜腹剑、野心勃勃的少数人操纵社会共同利益，以党派的意志取代整个国民的意志；它们迎合不同党派的私利，使公共管理不再惠及整个社会，不再是统筹兼顾、造福万民的规划部门，而沦为一团散沙、各自为政的派系工具。②

尽管主张小政府，控制军事编制，但华盛顿呼吁美国民众遵从政府决策，并谴责那些和政府唱对台戏的人。

时隔两个多世纪，功与过仍然占据美国政治的核心。2001年9月11日，"基地"组织（al-Qaeda）对纽约和华盛顿特区发动袭

---

① Washington 1796: 2.

② Washington 1796: 4.

击,这掀起了一波评功论过的浪潮。身为一个纽约人,我也不例外。翌日清晨6点50分,我给自己主持的抗争政治电子邮件群发了一条消息。内容很简单:呼吁相关领域的研究者保持镇定,对这起恐怖袭击的原因和对策做出通盘考虑。消息以此结尾:

> 作为抗争政治的研究者,我们应该避免过度关注压迫和报复,不要像煽动者(demagogues)那样大肆渲染。我们有可能做出些许贡献的是,解释袭击者如何配合得如此天衣无缝,并以此为基础,探讨如何减少美国和其他地方平民所面临的暴力威胁。

"煽动者"这个词似有归罪之意。但这条消息给全体纽约人记了一功,因为他们中的大多数表现得沉着镇定、齐心协力。

三天后,我以另一条消息跟进。这条消息对纽约和华盛顿袭击事件的真相做出预测。它做了若干无条件预测(unconditional predictions):例如,调查结果将显示,袭击事件的所有策划者都与奥萨马·本·拉登(Osama bin Laden)有直接或间接的关系,但策划者之间未必有直接关系,甚至有可能素不相识。之后是一系列形如"如果—那么"的有条件预测(contingent if-then predictions):

- 轰炸目前被认为是恐怖组织头目的总部的地方将会,(1)颠覆恐怖分子网络的权力平衡,(2)激发未遭轰炸的恐怖分子发动袭击，以证明自己的气概。
- 如果美国、北约或其他大国坚持要求所有国家站队（从而发起一场新型冷战），并辅以军事与经济威胁，这将激励被排斥国家与美国盟国内部的异见者结成同盟，并激励异见者接受被排斥国家的资助。
- 大多数这类结盟会引发与毒品、军火、钻石、木材、石油、性服务、橡胶等行业非法交易商的进一步结盟。
- 在俄罗斯、乌兹别克斯坦、黎巴嫩、土耳其、苏丹、尼日利亚、塞尔维亚、阿尔及利亚以及其他许多教派矛盾突出的国家，对穆斯林异见分子的外来支持将增加，不同国家伊斯兰反对派之间的联系将加强。
- 因此，轰炸我们所认为的周二①袭击的始作俑者，并迫使其他国家站队，将恶化美国领导人试图改善的形势。
- 果若如此，民主（指覆盖面较广、平等度较高的公民权，具有约束力的公民协商权，以及对公民免受政府专制侵害的保护）将在世界范围遭受重挫。

现在看来，尽管非法交易与穆斯林异见者之间的联系始终没有可靠的证据，但这些"如果—那么"预测没有一条是绝对错误的。当然，它们遗漏了若干要点。例如，在2001年9月，我从未料想"9·11"袭击会成为美国入侵伊拉克的理由。不过，念及我

---

① 指2001年9月11日。——译者注

是在"9·11"余悸尚存之时做出了这些预测,它们在此后几年出人意料地站得住脚。

我的帖子收到了不计其数的回应,大多数表示赞同,或提出了善意的修正。不过,还是有一小部分称我是精神偏执的颠覆分子。大约一年后,白宫发布了一份声明,使我的预测看起来不再像"9·11"刚发生时显得那么偏执。

乔治·W. 布什（George W. Bush）总统于 2002 年 9 月 17 日签署《国家安全战略报告》,提出了全球仅存的超级大国的广泛权利诉求。这份文件庆祝自由平等对"毁灭性专制主义思想"的胜利功劳,将"我们的国家、盟国和盟友"面临的威胁归罪于"一小撮居心叵测之徒"。① 它将阿富汗描述为"获得解放",将伊拉克和朝鲜描述为正在获取大规模杀伤性武器的"无赖国家"（rogue states）。② 尽管在 2002 年 1 月 29 日的演说中,布什总统将伊朗与伊拉克和朝鲜一并列为"邪恶轴心"（axis of evil）,但《国家安全战略报告》尤其将全球恐怖主义威胁归责于伊拉克和朝鲜。

《国家安全战略报告》中说,国对国交战的时代已经过去;恐怖分子已经改变了国际关系格局。对新保守主义颇感幻灭的弗朗西斯·福山（Francis Fukuyama）总结道:

> 《国家安全战略报告》的变革性在于,它将传统的先发制人（preemption）观念加以扩充,使之囊括了预防性战争

---

① White House 2002: 3.
② White House 2002: 5, 9.

（preventive war）之义。先发制人一般被理解为解除迫在眉睫的军事威胁；预防性战争这种军事行动则意在阻止几个月或几年后才实现的威胁。布什政府主张，在这个恐怖分子以核武装的时代，先发制人和预防性战争的区分已经过时；限定性过强的先发制人概念需要拓宽。美国时常发现有必要打入别国内部，创造防范恐怖主义的政治条件。从而，这一报告摈弃了《威斯特伐利亚和约》所确立的需要尊重其他国家主权、与现有政府进行合作的观念，暗中接受了新保守主义者的政体重要性前提以及20世纪90年代对人道主义干预的辩护。①

发兵攻打伊拉克的六个月前，美国宣称自己有权以公然的军事干预来防范恐怖主义。它把威胁和平的罪过推给无赖国家，将维护世界秩序的功劳归给自己。和其他美国政治枢纽一样，白宫在评功论过方面一马当先。

福山对美国军事政策的批评反映出功与过的一项重要特征，对此我仅一带而过。当怪罪者和被怪罪者之间存在泾渭分明的群体边界时，A指责B这一行动本身经常成为B的支持者为B庆功的理由。这在战争中最为常见：对一方来说惨绝人寰的杀戮是另一方眼中的英勇之举。评论家常指出，在民族主义斗争中，一个人眼中的恐怖主义者是另一个人眼中的自由斗士。在市政管理中，一方所说的城市改造经常被反对者称为房地产暴利。

---

① Fukuyama 2006: 83.

群体边界在政治场合屡见不鲜。由此，某一行动有功还是有过是政治争论的永恒主题。在"9·11"事件中，几乎所有美国人（也包括我）都深切哀悼被自杀式袭击者夺去的无辜生命。但对于奥萨马·本·拉登的支持者来说，这场袭击是对美帝国主义的沉重打击。在他们眼里，这应记上一功，而非罪过。

再谈功与过

上面几个功与过的例子均属于政治领域，它们都在判定者和被判定者之间确立了关系。即使是我向抗争政治学界同行发出的极为谨慎的倡议，也在对西方政客及其齐声谴责的敌人做判定。不仅如此，在每个例子中，判定者都基于或好或坏的结果对某个能动者（有时是他们自己）评功论过；换言之，将这一结果的能力和责任同时归给能动者。他们在功与过之间限定关系。

由此，我们的任务就明确了，那就是：阐明人们评功论过的社会过程。要重申的是，本书专注于人际互动的**社会**过程。神经学家在描述（甚至解释）个体神经系统认知形成方面取得了重大进展。[1] 我竭力避免与了解人类神经系统如何产生对错认知的科学家相抵触的描述和解释，但这并非本书主题。下面几章着重考察人际互动与关系，包括人们如何讲述功与过的故事。

第二章是本章的深化。它明确了正义、功劳与罪过之间的关系。它展示了人们如何遴选出加以褒贬的个人或群体，以及他们

---

[1] 参见 Koch 2004, Wegner 2002。

如何将适当的奖惩与功过程度及特征对应起来。第三章和第四章仔细考察功与过。第五章分析掌权者（从评奖委员会到政府）纪念胜利、失败和罪过所引发的后果，以此结束全书。

第二章　正　义

2002年的贝内塔·比尔-威尔逊（Benetta Buell-Wilson）是一位身配武术黑带的健硕女子。已婚且有两个小孩的她时年四十六，正在攻读教育学硕士学位，准备开启自己作为教师的第二生涯。2002年1月19日，威尔逊太太开着自己的1997年福特"探险者"，行驶在加州阿尔派恩（Alpine）附近的8号州际公路的一个小斜坡上。

根据2006年的一份生动的庭审记录，这时，

威尔逊太太忽然看见前面的房车掉下一个金属物品，并在坠地后直接冲向她的挡风玻璃。她急忙掉头，试图闪避砸过来的东西。此时，副驾一侧的两个车轮忽然升高，"探险者"失控。车在道路上摇摆多次，翻转了四圈半才底部朝天地停在路肩……

"探险者"翻车时，车顶的立柱和纵梁碎裂，车顶塌陷十多英寸，威尔逊太太身受重伤。在车内，倒挂在安全带上的她感到一阵"锥心刺骨的……难以置信的疼痛"，大口喘气，觉得自己命不久矣。路过的司机停下协助，用尽九牛二虎之力才把车翻过来。救援人员随后赶到，撬开车顶，将她抬出。

一辆救护车将她从事故现场送上急救直升机，载她到夏普纪念医院（Sharp Memorial Hospital）创伤中心。[①]

这起车祸压断了威尔逊太太的脊椎，致其下半身瘫痪，并带给她无休无止的疼痛。她和丈夫巴里（Barry）将福特汽车公司以及汽车经销商德鲁·福特公司（Drew Ford）告上了圣迭戈郡高级法院。2004年6月，圣迭戈的陪审团商议了整整五天，最后得出结论：汽车制造商具有"压迫、欺诈或恶意"行为。[②]陪审团判给威尔逊太太四百六十万美元的经济赔偿（各种花费以及预期收入损失）和一亿九百六十万美元的非经济赔偿（疼痛、创伤以及生活质量的降低）。陪审团还判给她的丈夫一千三百万美元的亲权丧失（loss of consortium）赔偿（配偶"社会、慰藉和陪伴"价值的降低）。

后两项赔偿大大超出了威尔逊夫妇的律师所提起的赔偿金额。高级法院法官凯文·恩赖特（Kevin Enright）将这三项赔偿的金额分别减少到四百六十万、七千五百万和五百万美元。福特公司提出上诉。上诉法院维持了经济赔偿与亲权丧失赔偿数额，但将非经济赔偿金额进一步减至五千五百万美元。法院表示，陪审团的判决基于"偏见或热情，而不是清醒的判断"，且违反了正当的联邦法律程序。但六千四百六十万美元的总赔偿金额仍是天文数字。上诉法院随后动用标准的法律手段，做出判决：威尔逊夫妇

[①] Buell-Wilson 2006: 5–6.

[②] Buell-Wilson 2006: 1.

若接受判决，可以领走赔款，但如果对赔偿金有异议，案件必须重申。最新消息是，赢过十三起"探路者"翻车官司的福特公司威胁要上诉，但尚未付诸行动。

在 2004 年的初次判决时，比尔-威尔逊太太指责福特公司："我这种司机正是他们的营销对象。真正让我失望的是，他们根本没有任何悔意。"她表示："如果能再次行走，我会将赔偿金如数退还。"① 她后来又补充道："福特公司［对设计缺陷］心知肚明，但既没有设法解决，也没有试图召回。他们想的只是我这种人手里的钱。"② 她对福特公司的贪婪和不义提出谴责。

当人们为了类似的案件走上法庭时，他们也许寄望于获得巨额经济补偿。但他们通常也在玩一场功与过的双面游戏。他们谴责伤害了自己的人，并对其施以适当的惩罚。但他们也在为自己的功劳寻求认可，无论这一功劳是勇敢承受苦难还是积极对抗权贵。他们要的是一个说法。他们要求功过清楚，赏罚分明。陪审团通常秉承同样的精神。

在谈到陪审团的这种判断时，法律心理学家尼尔·费根森（Neal Feigenson）评论道：

> 如果这种复杂状况中存在任何总体模式，那就是陪审团在审理意外事故案件时追求我所说的**完全正义**（total

---

① AP 2004: 2.

② Copley 2004: 2.

justice）。他们力图兼听各方的所有说法（即便法律要求他们解决的问题可能并不要求如此），考虑一切他们认为有关的信息（即便法律希望他们不以某些信息为依据），做出大体正确的裁决（即便裁决过程混淆了在法律意义上并不相干的问题），并对裁决心安理得（即便法律叮嘱他们在判决时抛开感情）。和常理（common sense）一样，他们的裁决往往"以错误的理由得出正确的结论"：合情合法，但并不必然是严格遵守法律规章与程序的结果。①

法院当然不会让陪审团随心所欲，但"完全正义"的冲动导致陪审团判决偏向于肇事者和受害者之间的扶正关系（righting relations），从而偏离法律的本来目的。费根森分析了陪审团的庭审笔录、对前陪审团成员的访谈以及对模拟陪审团的实验，得出上述结论。

无论如何，在比尔-威尔逊案中，最后定夺的不是陪审团，而是法院。法院对陪审团的裁定提出批评，认为他们出于"偏见或热情"而做出了数额过于巨大的赔偿判决。但原告、陪审团和法官都同意，福特公司存在不当行为。他们就威尔逊太太的厄运一致谴责福特公司。他们认为，福特公司具有能动性、责任与能力，必须承担相应后果所引发的代价。

第一章指出，功与过取决于价值变动、能动性、能力和责

---

① Feigenson 2000: 5.

任,但并未深入分析人们如何评功论过。本章更进一步。它将表明,在评功论过时,人们通常将自己的观点嵌入通俗易懂的故事中,这些故事巧妙地融合了能动性、责任、能力与后果。在这之后,本章探索正义在这些故事中的角色,并主张所有人都寻求正义,即便他们往往得不到正义,或甚至不指望得到正义。随后,本章考察区分开"我们"与"他们"——犹太人与穆斯林、黑人与白人,等等——的泾渭分明的边界是如何卷入功与过的:对于同一个行动,边界的一方齐声谴责,另一方则论功行赏。

度量正义与不义

司法体系为谈功论过提供了一个回音室。如我们所见,它有其自身的交谈规则。在法庭上,功与过的评判都要依据身份、司法判例、证据规则、律师辩词以及陪审团评议。但正如费根森所言,它们又回应了在日常生活中反复出现的故事。这些故事给出了评功论过的理由。

在功与过的故事中,我们可以发现一种贯穿始终的标准运算。它计算行动者功过几何。它将一场活动的下列要素相乘:所产生的价值变动、导致该变动的行动者或原因,以及特定的人是否对这一变动负责。它计算正义与不义。表 2.1——一个万能正义度量表——概括了这一逻辑。

表 2.1　万能正义度量表

回答下列问题
1. 活动：你心目中有价值的活动是什么：组织运行、艺术创作、生命、宽泛意义上的人类福祉，还是其他？ 2. 行动者：你所判定的是谁对活动的影响？称其为能动者 X。 3. 行动：你所关注的是能动者 X 的什么行动？ 4. 后果：这一行动对你所判定的活动造成了什么后果？ 5. 能动性：能动者 X 的行动在多大程度上造成了这一后果？分值从 0（和 X 完全无关）到 1（完全由于 X）。 6. 价值变动：这一后果在多大程度上提升或降低了活动的价值？分值从 −1（彻底摧毁）到 +1（臻于完美）。 7. 能力：X 在多大程度上拥有催生这一后果的知识与技能？分值从 0（完全无能力）到 1（完全有能力）。 8. 责任：X 在多大程度上意图得到这一结果？分值从 0（完全无意）到 1（考虑周全）。
计算功与过
将能动性、价值变动、能力与责任的分值相乘，得出分值从 −1（X 罪大恶极）到 0（X 无功无过）到 +1（X 厥功至伟）的总分。 　　如果你关注的是能动者 X 的多个行动，分别计算每个行动对活动的影响，再计算所有行动影响的平均值。 　　比较功过时，对于影响了不同活动的行动，对这些活动相对价值的总分值进行加权，例如，对某个人的生死给出相当于同一个人的自尊的一千倍分值。

　　价值变动、能动性、能力与责任均纳入功与过的考量。如对一场灾难负有完全能动性、能力和责任，得分为 −1；如对一场胜利负有完全能动性、能力和责任，得分为 +1。所有真实案例都落在 −1 和 +1 之间。如果为一场灾难承担过失责任，我是在对自己的能动性、（无）能力和（不负）责任表示懊悔。如果为一个积极的后果而褒扬你，我强调的是你的能动性、能力和责任。

正义度量表带来一项额外功效。你可以轻而易举地将它转换成伪正义度量表。如果你认可度量表的原则,你就可以评估别人对功过的诉求。你所需要做的只是对相关元素做出自己的评估。确认有关的活动,甄选关键行动者,梳理相关行动,明确后果,厘清行动者对这一后果的影响,估测价值变动,评估行动者的能力与责任,汇总分值:好了,现在你可以评功论过了!从而,在唐纳德·特朗普告诉你,他的领导才能为自己的公司带来了五十亿美元的收益时,你就可以做出自己的判断。你还可以重新评估圣迭戈陪审团对福特汽车公司的过错认定。

一旦有了自己的正义度量表,你就可以添加特殊功能。例如,你可以将能动者 X 在许多不同事件中的行动加总,以度量 X 对活动价值的长期影响。你也可以对不同的活动进行加权,例如,赋予救人一命比增强某人自尊大得多的权重。你仍需衡量价值变动、能动性、能力与责任。

在比尔-威尔逊一案中,威尔逊的律师轻而易举地确立了价值的变动:车祸摧毁了威尔逊太太一度圆满的生活。但他们还要确立能动性(福特汽车公司是否有导致车祸的作为或不作为?)、能力(福特公司是否理应知道可能的后果?)与责任(福特公司是否有意制造了它所制造的汽车?),这些任务并不轻松。律师请来技术专家为福特汽车公司在威尔逊太太车祸案中的能动性、能力与责任作证:

威尔逊夫妇在庭审时提交了事故及伤残导源于这辆 1997

年"探险者"的两处独立缺陷的证据。他们强调,这款"探险者"的设计存在严重的安全隐患,过窄的车体和过高的重心使其容易翻车。他们还指出,这款"探险者"的车顶支撑不足,强度过低,在遭受可以预见的翻车时,震荡力很容易将车顶撞入乘客舱。①

但围绕价值变动、能动性、能力与责任,律师们还讲述了更宽泛的故事。例如,《圣迭戈联合论坛报》(San Diego Union-Tribune)对庭审的报道引述了威尔逊夫妇的上诉律师杰尔姆·福尔克(Jerome Falk)的评论。为了便于公众消化,福尔克简化了法院的判决:

> 此外,他还说,法院拒绝受理新的诉讼同样意义重大。他强调,法官们并不认为恩赖特在拒绝采纳某些证据时滥用了权力;并且存在"大量支持(庭审中)对福特公司的高度负面的看法及其兜售危险产品意愿的证据。"②

福尔克将庭审结果转述为一个福特公司罪有应得的道德故事。但它调用了正义度量表。不管是在法庭上还是在日常生活中,评功论过的要旨在于以简洁的因果叙述来确立能动性、结果、责任与能力。

---

① Buell-Wilson 2006: 7.

② Moran 2006: 2.

费根森指出，在意外事故的陪审审理中，叙述往往体现为风格化的情节剧形式，其中：

1. 事件，如意外事故，由个人能动性导致；
2. 个人的行动可以由其性格解释；
3. 意外事故牵涉的能动者可被分为"好人"和"坏人"；
4. 叙述的焦点是意外事故的受害者及其伤害；
5. 好人打赢（官司），坏人遭到报应。[①]

情节剧基于巧妙简化但易于厘清的故事，非常适用于在功过上取信于陪审团。情节剧为陪审团的正义度量表提供了价值。

故事在日常社会生活中身负重担。在日常层面上，它们具有司法解读和科学说明难以比拟的优势：它们与其所处的关系恰如其分地对应。故事加工并简化了社会过程，使其便于讲述。它们包含了强烈的责任判定，从而导向道德评价。无论是从你自己的对话中，还是在餐馆里或火车上偷听别人谈话时，你会注意到，人们经常不厌其烦地对自己或他人进行道德评判。他们通常将这些评判内嵌在故事中。

波特·阿博特（Porter Abbott）对叙述的精当介绍，告诉了我们故事是如何发挥作用的。阿博特主张，叙述是"我们这个物种梳理对时间的理解的首要方式"。[②] 他提出了一条在我看来合情合理的

[①] Feigenson 2000: 89.

[②] Abbott 2002: 3.

观点：进化过程将以语言为载体的叙述植入了人的大脑。以时间为轴，人类用日常语言安排因果序列。实际上，阿博特①区分了故事（"事件或事件序列"）与叙事话语（"故事是如何传达的"），但对于我们的目的而言，"故事"这个更简单的词就够了。

阿博特承认：

> 在成长过程中，大多数以英语为母语的人用**故事**来表示我们所说的**叙述**。在闲谈中，如果讲英语者说自己听到了一个"好故事"，他们通常不会把故事从对故事的讲述中分离开来。当一个孩子想让你读她最喜欢的故事时，她通常指每一页上的每一个单词。跳过一个单词，你就不是在朗读整个故事。但我希望，随着我们继续讲下去，这一点会变得明确，区分故事和叙事话语对理解叙述如何起作用至关重要。②

没错，但且慢。当一位记者、小说家、律师或社会学家写一个故事时，她将观察到或想象出来的事件串接成一个内含某种能动性的原因-结果序列。简单起见，我们不妨将这种分析与表述称为故事。

无论我们叫它什么，世界各地的人大多时候都以包含明确能动者和结果的简化原因-结果序列评功论过。他们忽略了许多复杂因素。他们讲的是故事。这种简化大大便利了能动性、能力、责

---

① Abbott 2002: 13.

② Abbott 2002: 16.

任与后果的确认。如果能动者足以胜任，如果能动者对其行动潜在后果的了解使他负有责任，如果行动大大提升了价值，我们犒赏能动者的功劳。如果行动使价值严重降低，我们就责罚他。

随之而来的是奖励与惩罚。大体而言，价值增量估值越高，功劳就越大；救了国王一命（哇！）胜于救过农奴一命。与之类似，价值减量估值越高，罪过就越大；至少对于初犯来说，谋杀的刑期要长于一般的人身攻击。尽管价值变动的计算在科学界和文学界要困难得多，但奖励的基本逻辑保持不变：一项发明或创见的公认影响越大，奖励越高。将能动性、能力、责任、后果与适当奖惩的评判汇集起来，我们就有了一个功与过的故事。

即便基本的故事结构源自人类大脑的构造，故事的**内容**也会因文化情境而异。哪些角色、哪些行动、哪些后果及其之间的哪些关联具有可辨度和可信度，取决于听者的既有文化体验。文化筛选出备选的能动者，并排除了不合情理的能动者。例如，巫师在美国文化中不再被列入作恶者的备选项，在南非文化中却合情合理。但在两种文化中，公司都是合情合理的能动者，因此成为归功论过的潜在对象。

比尔-威尔逊案的陪审团的结论是，福特汽车公司的行为带有"压制性、欺骗性或恶意性"，从而导致了其"探险者"的结构缺陷。这一结论是基于陪审团成员对美国汽车制造商以及运动型多用途车以往翻车故事的熟知。它还反映了原告代理律师以及专家证人的调教。陪审团显然将他们的认知压缩成一个颇为简单的故事：福特公司生产存在严重安全隐患的汽车。结果，威尔逊太太在加州高速公路上的正常行驶以惨烈的车祸而告终。正如尼尔·费根森所述,完全正义完美遵循了讲故事的逻辑。就像经典戏剧一样,它"滴水不漏地考量"了故事所有行动者的说法。

但故事并非没有代价。对电视新闻影响的研究明确显示,以故事形式报道单一事件和以专题形式深入梳理相同事件之间存在差异。当新闻报道凸显一个穷人的困境的种种片段时,观众会寻找这一困境的罪魁祸首(穷人自己或别人)。如果新闻报道在更宽泛的意义上讨论贫困,以个人经历来透视宏大的主题,观众更有可能将责任归结到政府与社会身上。① 在伸张完全正义时,我们既可以指认一两个罪魁祸首,也可以追踪给某人带来不幸的整个复杂过程。

伸张正义

无论哪一种方式,完全正义主题屡屡出现在陪审团判出的大额赔偿金中。2005年1月,新泽西州伯根郡(Bergen)陪审团将一亿三千五百万美元的补偿和惩罚性赔偿金判给克利夫赛德帕克(Cliffside Park)的七岁女孩安东尼娅·韦尔尼(Antonia Verni)及其母法齐拉(Fazila)。律师戴维·马齐耶(David Mazie)为这一判决而欢呼:

> 今天,安东尼娅·韦尔尼终于得到了她应得的正义。我希望,陪审团的判决将改变全国体育场的酒精饮料供应。②

---

① Iyengar 1991.
② Mazie 2005: 1.

1999 年 10 月 24 日，纽约巨人队（New York Giants）的美式足球赛前、赛中和赛后，木匠丹尼尔·兰扎罗（Daniel Lanzaro）买下并喝完近六夸脱（quarts）①啤酒。比赛结束后，兰扎罗先去了两家脱衣舞酒吧，之后驾驶自己的卡车撞上了从采南瓜之旅返程的韦尔尼一家的汽车。安东尼娅的父亲罗纳德·韦尔尼（Ronald Verni）开着一辆租来的丰田，他的妻子和年仅两岁的安东尼娅坐在后座。安东尼娅当天早些时候在座位上吐过，此刻系着标准的成人安全带。车祸使安东尼娅四肢瘫痪，她的母亲也严重受伤。兰扎罗因驾车伤人被判五年徒刑。

韦尔尼一家将一长串对象告上法庭：兰扎罗、巨人队、国家美式足球联盟（National Football League）、新泽西体育和博览会管理局（New Jersey Sports and Exposition Authority）、租车公司、丰田公司以及在体育场卖啤酒给兰扎罗的特许经销商爱玛客公司（Aramark Corporation）。除了爱玛客公司，其他被告人均与韦尔尼一家达成和解，总共支付给后者一百九十万美元。但爱玛客（更准确地说是在巨人队体育场售卖酒精饮料的诸多公司）坚持应对官司。他们败诉了，但重新审理的上诉请求获得批准，理由是伯根郡的法院审理存在程序错误。②

爱玛客公司的律师主张，韦尔尼夫妇对两岁的幼童使用成人安全带，因而罗纳德·韦尔尼对安东尼娅的四肢瘫痪负有责任。他们在这一点上失利了。无论如何，主要的法律纠纷并不在于母

---

① 约六升。——编者注
② Verni 2006.

女伤残的直接原因,关键是爱玛客公司的售卖点是否将酒精饮料卖给"明显烂醉"的兰扎罗,从而触犯了法律。上诉法院判决,律师马齐耶、多个证人以及哈肯萨克(Hackensack)[①]的主审法官未能确立一点:对于在巨人队体育场卖酒给已经喝醉了的兰扎罗,究竟谁该承担法律责任?上诉法院做出裁决,马齐耶给出的巨人队体育场"酒文化"证据很可能误导了陪审团。[②]尽管如此,韦尔尼一家仍有望获得最初判给他们的大部分赔偿。

如果你遭受了意外事故,不要被这些巨额赔偿迷惑而走上法庭。根据美国司法部对 2001 年全国最大的二十五个郡县侵权审判的调查报告:

- 仅有 3% 的侵权案走上法庭,73% 的案件在审判前即达成和解。
- 大约一半的审判与车祸有关。
- 最终走上法庭的所有案件中,93% 由陪审团裁决,但其中仅 52% 的案件以原告获胜而告终。
- 从 1992 年到 2001 年,赔偿金的中位数从六万四千美元降至两万八千美元。
- 只有 5% 的胜诉原告像威尔逊一家和韦尔尼一家那样获得了惩罚性赔偿,赔偿金的中位数是两万五千美元。[③]

---

① 新泽西州伯根郡的郡治。——译者注
② Mansnerus 2006.
③ Justice 2004.

鉴于律师费占了胜诉官司赔偿金的一大部分，美国人并没有因意外事故诉讼而致富。

但他们要的是正义，且往往是完全正义。费根森描述了1981年康涅狄格州联邦法院受理的约翰·朱列蒂（John Giulietti）和普罗维登斯与伍斯特公司（Providence & Worcester）之间的官司。二十岁的朱列蒂带领一个三人小组，在晚间为货车车厢挂钩。他所在的车厢后部在后退时没有正确对齐开关，撞上了另一条轨道上的一列车厢，并轧死了朱列蒂。朱列蒂的家人将普罗维登斯与伍斯特铁路公司告上法院。

相关的法律要求极为苛刻：原告（朱列蒂的亲属）必须证明铁路公司玩忽职守，且铁路公司的玩忽职守导致了朱列蒂的死亡。此外，即便如此，法律也允许依据工人本人（朱列蒂）的疏忽程度，减轻惩罚。基于这些法律条件，朱列蒂的律师力图最大化铁路公司的玩忽职守，最小化朱列蒂的工作疏忽。当然，铁路公司的律师的目标恰恰相反：突显朱列蒂的过错。

按照铁路公司的律师的描述，朱列蒂应该对这起致命事故全权负责。朱列蒂的律师则恪尽职守地指向铁路公司的玩忽职守。但注意他是如何总结的：

> 朱列蒂一家不想要任何同情。他们已经收到了无数的同情。今天是约翰尼（Johnny）[①]的二十一岁生日，他们收

[①] "约翰"（John）的昵称。——译者注

到的同情多过任何人的想象。他们今天坐在法庭上，只是想为约翰尼昭雪沉冤。为了替约翰尼申冤，我想你们会为一百五十万到两百万之间的赔偿判决感到骄傲。我相信，如果做出这一判决，你们会自豪地直视任何人，告诉对方，你们为本案中的原告彻底伸张了正义。①

陪审团并未照单全收。他们判给朱列蒂的遗属约五十万美元赔偿，但考虑到朱列蒂的共同过失，又从中扣除1%。②陪审团伸张了他们眼中的正义。他们划拨了功与过。

费根森主张，陪审团通常试图提供的不仅仅是正义，而且是**完全正义**。完全正义以五种相关的方式实现：

1. 权衡不同当事人的表述
2. 运用一切可得信息
3. 通盘考量，而不是遵循法律所要求的单独程序步骤
4. 对判决结果心安理得
5. 陪审团成员遵循公正的程序，因而提升其自尊。③

总之，陪审团成员远不是将自己变成法律计算机，而是带着他们对正义的常识进入评议室。

---

① Feigenson 2000: 148.
② Feigenson 2000: 149.
③ Feigenson 2000: 104–108.

对完全正义的渴求屡见不鲜。律师兼法哲学家劳伦斯·弗里德曼（Lawrence Friedman）描述了美国的三阶段历史过程。首先，大体而言，生活从19世纪开始渐趋复杂。其次，政府和法律都有所扩张，以应对复杂世界的挑战。再次，法律文化有所改变：美国人对正义以及对不义的补偿产生了一种普遍的预期。弗里德曼如是写道：

> 正义不仅仅是受到他人和政府的公平对待；它还意味着在生活中获得公平待遇。如果一个人买了一罐汤，结果因食物中毒而身亡，生活当然"不公平"。如果一个人在一场龙卷风中受伤，或被车撞了，或生来残疾，这些情况也可以被描述为不公平。人们甚至称之为不公平，尽管他们知道没有人真正"为此负责"。许多人还期待某种平反机制：应该有人做出补偿。①

弗里德曼的图式有助于解释20世纪法律、律师和诉讼在美国的风起泉涌。

但它在一个重要方面误导了我们：它未能区分对正义的需求和对正义的**期待**。远早于20世纪，在美国之外的许多其他国家，人们通常从正义角度考量自己或他人的遭遇。他们以这些考量为据评功论过。但他们在大多数时间都意识到一个无情的事实：对

---

① Friedman 1985: 43.

于不应得的功与过,或应得但未得的功与过,他们几乎无能为力。除了狭隘的地方事务,缺乏民主的、专制的政权没有为正义留出多少空间。相对民主的政体具有较为齐全且稳定的法律制度,但这些政体的扩张并未建立起对正义的需求,而是唤起了普通民众对自身公正待遇的期待。民主让人更容易期待正义。

纵观历史,人们渴望正义,但很少得到它。即便在今天,对于世界上的许多人来说,正义仍然和清洁饮水、体面工作及良好医疗一样可望而不可即。正义短缺的一个迹象是穷人和无权者频频鼓起勇气自行执法。① 他们经常使用多年考察马来西亚农村的詹姆斯·斯科特(James Scott)笔下的"弱者的武器":打砸、有组织的怠工以及对剥削者财产的秘密侵害。② 这不仅发生在马来西亚。在农民、牧场主和矿工定居于美国"蛮荒的西部"之前,尽管那里随处可见的暴力行为中有些源自恶性竞争和彻头彻尾的犯罪,但大量暴力与当地居民的粗糙正义(rough justice)有关。③

粗糙正义在20世纪的美国已不那么常见。法院、警察和当地政府接管了大量正义判定职责。这并未发生在大多数贫困国家中。根据世界银行对全球赤贫人口生活的研究,马拉维(Malawi)的村民通过自行执法来让自己不那么弱小:

> 姆坦巴(Mtamba)和奇坦比(Chitambi)的居民说,警

---

① Tilly 2003a: 第8章。
② Scott 1985.
③ Brown 1975, Grimsted 1998, McKivigan and Harrold 1999.

察不仅束手无策,而且"在正常情况下,他们会让我们自己去抓杀人犯和小偷,并将他们带到警察局。谁敢去抓手持AK-47突击步枪的强盗?"但在一些城乡地区,暴民正义(mob justice)已成为警务程序的常见替代。姆坦巴的一个讨论小组这样解释:"人们现在自行惩罚盗贼。他们用火刑。比如,就在上周,两个小偷被乱拳打死,因为警察对他们的惩罚过轻。"与之类似,在姆德瓦祖鲁(Mdwadzulu),一个参与讨论的当地人说:"如果被抓到,小偷有时会被一群小孩打得遍体鳞伤,甚至被剥光衣服示众。"盗贼有可能被乱石砸死、乱拳打死或活活烧死。弗维特克勒(Phwetekere)和姆德瓦祖鲁的讨论小组说,他们之所以自行执法,有时是出于对警察局把盗贼关了一天就放出来的气恼。"就在上个礼拜,一个小偷被烧死了。"弗维特克勒的讨论者说。在弗维特克勒,邻里联防是极端程度较低的手段,它由当地居民自发组织,用来威慑违法行为。[1]

在20世纪80年代的南非,索韦托等乡镇对种族隔离政策进行了激烈的抵抗,为了惩罚涉嫌告密者和巫师,活动分子经常在汽车轮胎里注入煤油或汽油,把轮胎挂在嫌疑人的脖子上,再点燃轮胎;他们将这种惩罚称为"戴项链"。[2] 在种族隔离政策宣告终结、法治社会初现端倪时,这种可怕的社区正义就烟消云散了。

---

[1] Narayan and Petesch 2002: 71.

[2] Ashforth 2005: 102, Bozzoli 2004.

随着民主制度、常规警务以及具有一定可信度的法院的发展,自我管理的正义在家庭或街坊之外日益罕见。[①] 功与过并未丧失重要性,只是往往成为政府的职责。

评估正义

然而,即便在经济实力强于马拉维和南非、社会秩序较为平稳的国家,普通民众仍对正义忧心忡忡。提一个简单的问题:比起应得收入,你的实际收入是高还是低?这个问题直接涉及功劳,因为它想了解的是:决定了你的收入的人或物是否对你的贡献给予了足够的认可?它和罪过的关系相对不明显,但仍然内含一个问题:谁造成了你的不幸?

你可能觉得答案很简单:每个人都认为自己的所得少于应得,或许只有应得收入的一半。但不同个人和国家的回答差别不小。社会学家吉列米娜·姚肖(Guillermina Jasso)曾利用一项大型国际问卷调查数据,对1991—1992年的十三个国家做了一项精彩的复杂比较。问卷要求被调查者写下自己的实际收入和心中的应得收入。为了将二者加以比较,姚肖构建了一系列指数。图 2.1 简要呈现了其中的一个指数。

大体而言,每个国家的居民都认为自己的实际收入少于应得收入。这并不稀奇:我也这么想。但不同类型的国家之间呈现出系统的差异。这不单单事关国民收入:普通美国民众的不公感高

[①] Tilly 2007.

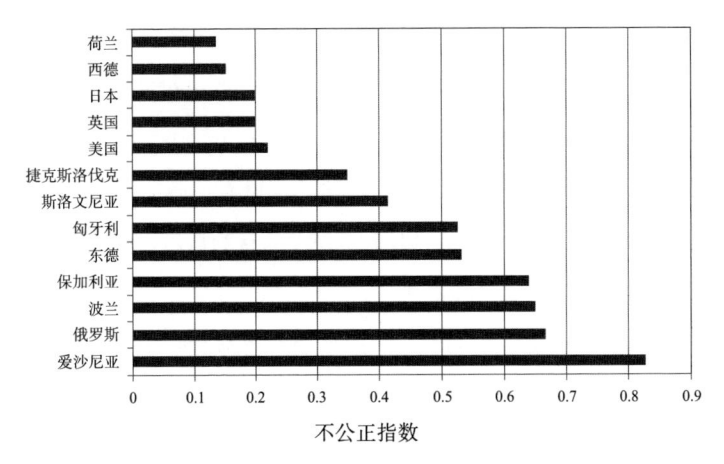

图 2.1 你的收入有多不公正（1991—1992）?（资料来源：Jasso 1990，表6）

于荷兰、西德、日本和英国，而这四个国家的人均收入和美国基本持平。美国更悬殊的收入差距可能促成了这一结果。然而，后社会主义国家民众的不公感远高于资本主义国家。我想，这部分是因为后社会主义国家的民众将自己和资本主义国家的民众进行了对比。除了爱沙尼亚，工业化程度更高、更西化的后社会主义国家居民的不公感低于其他后社会主义国家。

爱沙尼亚人的抱怨多于大多数后社会主义国家的民众。他们可能因芬兰和斯堪的纳维亚诸国的近邻与他们如此相像，却活得比他们舒适许多而抱怨更多。别忘了，在苏维埃政权几十年统治下，许多爱沙尼亚人憎恨爱沙尼亚境内待遇更好的、获得苏联支持的俄罗斯少数民族；爱沙尼亚和芬兰语言相近，能够互相理解；塔林（Tallinn）与赫尔辛基（Helsinki）的直线飞行距离不过五十英里①；见多识广的爱沙尼亚人早在苏联解体前就观看芬兰电视了。②结论：当然，大部分人都想要更高的收入，并心怀嫉妒地和在他们看来并不强于自己却所获更多的其他人相比。但在评判自己的收入公正与否时，他们也会认真考虑既有体制给予他们的保障和其他利益。③根据姚肖的比较，荷兰人认为自己得到了比美国人自认得到的更多的经济正义。

各种各样的人都渴望正义，但他们就这种渴望采取的行动则取决于他们所处的社会境况。一些锐意进取的社会科学家最近为这一说法增添了新的证据。经济学基础学说假定人类行动从个人和自利角度出发，认为人在许多情况下都力图将个人优势最大化。约瑟夫·亨里奇（Joseph Henrich）及其合作者评论道：

> 尽管教科书对"经济人"的表述引出了一系列相关预测，实验经济学家和其他学者已经发现了明显的、持续的偏差。利用各种实验方案，学者们在几十个国家做了数以百计的实验。结果显示，除了他们自己的物质回报，人们还有社会偏好：实验对象关心公平和互惠；愿意以个人损失为代价，改变物质回报与其他成果的分配；奖励惠及社会的行动者，惩罚破坏社会规范的人，即便奖惩代价高昂。④

---

① 约八十公里。——编者注
② Pettai 2003, Raun 1997.
③ Goodin et al. 1999, Lindert 2004.
④ Henrich et al. 2004: 8.

这些"数以百计的实验"有两个严重缺陷。首先，它们几乎全部都是在大学教室中开展的。其次，文化、经济与政治背景对人在实验中的表现有什么影响，它们并未搜集相关的系统信息。

一项雄心勃勃的比较研究弥补了这些缺陷。研究者探访了非洲、中亚、南美和新几内亚的十五个特质不一、相对孤立的小型聚居点。在每个聚居点，他们对经济行为的具体背景进行了考察，并开展了四种经过改编的经典实验：

最后通牒游戏（The Ultimatum Game）：玩家A得到一笔钱，并提出将其中一部分分给玩家B。B或接受或拒绝：（1）假如B接受，A和B拿走他们商议的份额；（2）假如B拒绝，A和B都将空手而归。

独裁者游戏（The Dictator Game）：很像最后通牒游戏，只是B在接受还是拒绝对方提议上没得选。

自愿捐款游戏（The Voluntary Contributions Game）：每个玩家一开始都收到一笔钱；每个人都有机会向一个集体账户匿名捐款，实验者再将集体账户增值一半或翻番，然后平均分发给所有玩家。

共有资源游戏（The Common-Pool Resources Game）：每个玩家都可以从集体账户中提取数额有限的金额，实验者在提现后将集体账户增值，并平均分发给所有玩家。①

在最后通牒游戏中，我们可能会期待一个自利的 A 去猜测 B 愿意接受的最小数额，希望拿走剩下部分。而一个利他主义的玩家可能会分给搭档更大的份额，甚至对半分。在所有游戏中，玩家都面临利己还是利他的迥异选择。②

在很大程度上，玩家们选择了利他。在所有聚居点，玩家对搭档的帮助都远远超出了简单的自利心理所能解释的程度。这意味着既拿出更大的初始份额，又向集体账户捐出更多的款额。搭档也多次拒绝接受小气的分享；宁愿一无所获，也不接受不公平的小份额。以最后通牒游戏为例，在总共十三个聚居点中，有十一个聚居点将 A 和 B 平均分摊作为第一或第二选择。但聚居点在初始份额和拒绝频率方面差异显著。

对结果的统计分析显示，一个聚居点的市场融入以及公众对互惠互助的回报（这一点尤其重要）诱发了更高程度的利他行为。（对于打猎后拒绝将猎物与他人分享者，某些狩猎采集聚居点采取惩罚措施，这算作对互惠互助的回报。）相反，个人特质对玩家的策略没有多少系统影响。③

究竟是什么产生了文化之间的差异，这一问题仍缺乏定论。例如，市场整合究竟使人对以金钱为他人造福的实际情形有了更

---

① Henrich et al. 2004: 11–13; 另见 Henrich et al. 2006, Samuelson 2005。

② 参见 Tilly 2001。

③ Henrich et al. 2004: 28–38。

多接触,还是加深了人们对西方社会公平竞争规范的了解?或许兼而有之。但这些发现显然有助于我们对功与过的了解。在许多群体中,也许整个人类,人们在乎的都不只是自我利益,他们还关注正义。在是否据此行动有得选时,他们往往强化公平、互惠与协作。进化过程可能选择了相互协作的人。① 他们赞赏对方的合作功劳,谴责对方的自私罪过。

群体边界

亨里奇与合作者没有探究功与过的一个关键问题:当功或过的判定者与其判定对象之间存在一条泾渭分明的边界时,后果如何?功劳的判定往往发生在边界之内。人们容易将善行的能动性、能力和责任归属到自己这边的人身上,但归功有时也会跨越边界。身陷战事的国家设立和平与和解委员会,希望作恶者的忏悔能促成相互理解,甚至获得诚心忏悔的功劳。我们经常就这样或那样的失职责怪身边的人;听听小孩子抱怨兄弟姐妹夺走了他们最喜欢的玩具或踢了他们一脚就知道了。但罪责更常见于跨越边界的场合,如印度教徒和穆斯林之间,或黑人与白人之间。总的说来,群体边界为日常生活中的互动添加了过失责任的假定。

群体边界还促成了一种特有的功过对称局面。战争的例子清楚地表明,给一方带来罪过的行动恰恰是另一方的功劳。2006年7月至8月,以色列和真主党(Hizbollah)在黎巴嫩短暂交火,

---

① Bowles 2006.

以色列的支持者将真主党捕获以色列士兵和随后对以色列的火箭弹袭击看作十恶不赦的罪行。与此同时,真主党的支持者则对同样的行为举手欢呼,将其视为反抗压迫者的英勇之举。另一方面,以色列对黎巴嫩境内真主党可疑目标的空袭使意见不一的以色列人短暂团结在政府旗下。同样的轰炸行为不仅引发了真主党对以色列野蛮行径的谴责,也激起了以色列的反对者在国际社会的抗议。

随着停火协议的生效,真主党领袖赛义德·哈桑·纳斯鲁拉(Sayyed Hassan Nasrallah)宣告胜利。"毫不夸张地说,我们迎来了一场战略性的历史大捷,"纳斯鲁拉宣称,"我们从战场上昂首挺胸地返回家园,我们的敌人抱头鼠窜。"[①]与此同时,以色列总理埃胡德·奥尔默特(Ehud Olmert)声明,停火协议将确保"真主党不再是一个国中之国"。[②]功与过同时展现在同一个行动中。

这种奇特的对称性同样出现在死伤程度低于国家间战争的冲突当中。在《差异与平等的故事》(*Stories of Difference and Equality*)这本标题生动的书中,亚历杭德罗·格里姆森(Alejandro Grimson)分析了玻利维亚移民和布宜诺斯艾利斯人(porteños,布宜诺斯艾利斯港和邻近区域的居民)之间的诸种遭遇。大多数玻利维亚移民来自安第斯山脉(Andes),大体而言,他们在阿根廷的经济状况好于在玻利维亚时。但他们因较矮的个子、较深的肤色以及克丘亚语(quechua)、艾马拉语(aymara)或其他安第

[①] Nasrallah 2006.

[②] ABC 2006: 3.

斯语支的母语而在阿根廷本地人中尤为显眼。不仅如此，在布宜诺斯艾利斯，他们主要占据低工资移民常见的下层职位：散工、服装厂工人、家政服务以及类似工种。布宜诺斯艾利斯人经常以"玻利托"（bolito）和"玻利塔"（bolita）这种含有贬义的标签称呼他们。

格里姆森研究了玻利维亚人和布宜诺斯艾利斯人的三种主要的接触场合：公共场所（公交车、街角、工作场所）、玻利维亚人的城市狂欢节以及大众传媒。格里姆森发现，移民在这三种场合都要面对污名，但他们以民族平等甚至民族优越性的说法予以回击。一位名为阿纳（Ana）的玻利维亚人这样描述她在公交车上的遭遇：

> 当你坐公交车时，你会抓住什么东西，以确保不会摔倒。当我这样做时，我看到妇女们纷纷攥紧自己的拎包，就好像有人要抢劫她们似的。她们希望我走开，这样她们就不会担心了。但我向她们走得更近，并捏着我的拎包。我从中取乐。这是我玩的游戏。但我现在不玩了。如果她们攥紧她们的拎包，我就把我的攥得更紧，就好像她们要抢劫我似的。①

尽管某些玻利维亚人伪装成来自安第斯山脉的阿根廷人，格里姆森还是屡屡听移民说起他们反抗警察骚扰、雇主剥削和当地

---

① Grimson 1999: 38.

人歧视的策略。

给人印象最深的化过为功发生在玻利维亚人的媒体和节日上，他们声称自己代表了正宗的、古老的美洲文化，远非布宜诺斯艾利斯的"移民"文化可比。毕竟19世纪70年代以后，港口地区接纳了一波又一波的欧洲移民。① 每年10月，居住在沙鲁阿人（Charrúa）②社区的玻利维亚移民都要举行科帕卡瓦纳圣母狂欢节（Fiesta of Our Lady of Copacabana），玻利维亚舞蹈、工艺、服装和美食展吸引了大量本土阿根廷人的驻足。狂欢节给了玻利维亚人一个重要的、引人注目的场合来宣称自己的独特性，甚至优越性。

1996年，当地报纸的狂欢节广告包含了下面这一段：

> 我们玻利维亚人是土地的所有者，而你们阿根廷人——尤其是你们布宜诺斯艾利斯人——不是土地所有者，而是占据领土的移民。你们都是外国人的后裔；你们的民族和你们的祖先是欧洲人。相反，作为艾马拉人和克丘亚人的后裔，我们拥有自己的土地，这片土地叫作玻利维亚。所以维系我们的身份认同很重要，因为我们拥有一方领土，因为我们的祖先在这片土地上耕耘，而这片土地是我们的。胡胡伊（Jujuy）人拥有自己的土地，原因在于当年的印加人

---

① Baily 1999, Sabato 2001.
② 居住在乌拉圭以及阿根廷和巴西部分地区的原住民。——译者注

(Incas)①一路扩张到图库曼（Tucumán）。出于这些原因，我们必须保持自己的身份，因为我们是这片土地的主人，我们是整个南美洲的主人，我们是原住民，我们不是欧洲人，我们不是移民者。②

阿根廷的胡胡伊省位于阿根廷与玻利维亚交界处，图库曼则是阿根廷国界以南近四百英里某省的最重要城市。作为印加人的后裔，玻利维亚人在这份声明中对今日阿根廷国土的极大一部分提出了诉求。

在此，我们见证了一种从属地位的大胆逆转，一种以功代罪的高调置换。在面临歧视时，为了寻求正义，玻利维亚人自称具有优越的品德。诚然，这些带有民族优越性的声言没能从根本上改变玻利维亚移民在布宜诺斯艾利斯都市区的次等地位。但它们恰切地阐明了截然的群体边界对功过判定的影响。群体边界引入了一种特有的对称局面。

群体边界导致了功过情形之间的不对称。某个群体内的所有人可能齐声谴责边界另一侧的一个圈外人。这种情况有时几乎自动发生：按照定义，所有穆斯林（或基督徒、犹太人、印度教徒、爱尔兰人、黑人、共产党员、民主党人——还可以继续列举！）都是坏人。然而，齐声夸赞一个圈内人的功劳，就同时降低了至少一个其他圈内人的潜在功劳。

---

① 南美洲的古代印第安人，曾建立起前哥伦布时期最大的美洲帝国。——译者注
② Grimson 1999: 71-72.

例如，每当有人获得某个领域的诺贝尔奖时，见多识广的圈内人就会讨论，还有谁本来也可能因相同或类似的成果获奖，或至少共享奖项。詹姆斯·英格利希（James English）评论道：

> 诺贝尔文学奖在第一年就爆发了评选丑闻：瑞典学院无视列夫·托尔斯泰，却将大奖颁给了不那么重要的法国诗人苏利·普吕多姆。面对抗议浪潮，瑞典学院却不愿表现出歉意（或向公共舆论的屈服），而是继续对这位俄罗斯文学巨匠视而不见，一直到他1910年去世为止。诺贝尔奖名单的骇人疏漏这一丑闻（托尔斯泰、哈代、易卜生、卡夫卡、普鲁斯特、瓦莱里、里尔克、乔伊斯等均未入选）被当今的观察家屡屡提及来反对该奖项，而它在1902年之前就已经在人们的讨论中牢牢占据了一席之地。[①]

包括声望远逊于诺贝尔奖的奖项在内，几乎所有奖励都会引起沸沸扬扬的类似讨论。在我置身多年的学术界，人们看重自己和与自己有关的人所获的奖项。如果与权力核心的距离足够近，他们会试图影响奖励、表彰和荣誉学位。他们寻找能够明确体现他们眼里值得效仿的成就的获奖人。他们希望自己的人获得认可，这样他们本人也能间接获得认可。

那么，为什么会有这么多争议？理由并不复杂：我之前混

[①] English 2005: 190–191.

为一谈的"圈内人"实际上有各自的小圈子、派系和主从网络（patron-client networks）。① 认可一个小圈子、派系或主从网络的功劳，就削弱了其竞争对手的地位。因此，嘉奖功劳往往比判定罪过更具争议性。1906年诺贝尔医学奖得主圣地亚哥·拉蒙-卡哈尔（Santiago Ramón y Cajal）曾抱怨道：

> 一些总对我抱有蔑视或敌意的组织学家和博物学家对我合力绞杀。在我伪善的同行看来，彻底消灭神经元学说并同时埋葬其最热忱支持者的时候到了。他们的谩骂充满了不公，并且这些谩骂……远不似我之前的言论那般客气，任何真诚的人都不会相信它们和诺贝尔奖之间没有某种因果关系。②

个人之间的较劲与派系冲突密不可分。但敌意的增长正是由于拉蒙-卡哈尔获得了功劳，其他学派的领头人却空手而归。

事情并不总是按计划发展。曾经有一所法国大学授予我荣誉博士学位。先前参与这种仪式的经历让我预期典礼会以惯常的方式进行：台下坐满师生；我和其他几位荣誉博士获得者穿上学术礼袍，列队走上讲台；大学校长致欢迎辞；教师代表（往往是这一荣誉的推荐者）致 laudatio——直译为"颂词"，即授予荣誉博士的简要理由。时任联合国秘书长布特罗斯·布特罗斯-加利（Boutros Boutros-Ghali）是另一位荣誉博士获得者，他走的就是

---

① Collins 1998.

② Zuckerman 1996: 231.

这套程序。

轮到我的时候,指定的教师代表对我的研究狂轰滥炸。功劳变成了罪过。主席台上,我身边的几位当地官员目瞪口呆。我迅即启用一条万能策略:将威胁转化为契机。我对自己受批判的分析理路做了坚决有力的辩护。几位东道主的表情明显缓和了下来,并就这一突发事件做了事后道歉。大多数情况下,类似典礼都相安无事。功劳在庄严的仪式下获得嘉奖。

在巴黎、布宜诺斯艾利斯和其他地方,功过判定受当地习俗的影响。但它多以简化了的故事的形式出现。在布宜诺斯艾利斯,功过判定表现为傲慢的布宜诺斯艾利斯人和处在困境中的玻利维亚人相互遭遇的简单故事。这些故事经常变成关于好人、坏人、实至名归或罪有应得的情节剧。故事将对能动性、能力和责任的诉求,与功过对象负有责任的明确后果融合起来。它们以正义为核心。从美国法院到法国大学,再到布宜诺斯艾利斯的狂欢节,评功论过的形式惊人地相似。

第三章 功 劳

动荡不安的 1929 年发生了两起戏剧性事件，对美国人的生活造成了截然不同的影响。10 月，股市暴跌让这个国家手足无措，更引来了 20 世纪 30 年代的大萧条。四个月前的 5 月 16 日，首届学院奖（Academy Awards）[①]颁奖典礼晚宴在洛杉矶好莱坞罗斯福酒店（Hollywood Roosevelt Hotel）群芳厅（Blossom Room）举行。第二次世界大战将美国拉出长期萧条的泥潭，但学院奖一直延续了下来。

美国电影艺术与科学学院（Academy of Motion Picture Arts and Sciences）成立于 1927 年，但花了两年才得出其制胜方术。学院最初由二百三十位电影界人士组成，每人交一百美元入会。[②]起初，所有会员都有权提名业界同行参选奖项，之后是两轮评委筛选。但不久，小规模的评审委员会就接管了评奖工作。

四分之三个世纪后，美国电影艺术与科学学院每年颁发二十四个主要奖项，以及数量不一的科学、技术与附加表彰。随着电视媒体的大肆渲染，作秀味十足的颁奖典礼已经跻身每年最重大的媒体事件。无论是美国还是海外，电影还是其他类似的

[①] 即奥斯卡金像奖。——译者注
[②] Kinn and Piazza 2002: 12.

表演艺术，学院奖都引发了最高形式的赞美——模仿，包括象征奖项的小金人和其他标志。法国的凯撒奖（Césars）、加拿大的吉尼奖（Genies）、中国的金鸡奖和布基纳法索的耶内加金马奖（Yennenga Stallions）均向奥斯卡奖致敬。① 西班牙电影学院（Spanish Motion Picture Academy）给获奖者颁发一尊画家弗朗西斯科·德·戈雅（Francisco de Goya）的半身雕像。② 奥斯卡奖塑造了全世界的电影产业。

菲利普·西摩·霍夫曼（Philip Seymour Hoffman）凭借在电影《卡波特》（*Capote*）中饰演杜鲁门·卡波特（Truman Capote）一角而获得了 2005 年奥斯卡金像奖最佳男主角奖。2006 年 3 月，霍夫曼在领奖时说：

> 哇！我与一些最最伟大的演员同列了。那些了不起的演员，我有些喜不自胜了。真的是喜不自胜了。我要感谢比尔·文斯（Bill Vince）、卡罗琳·巴伦（Caroline Baron）和丹尼·罗塞特（Danny Rosett），没有他们就没有这部电影。我要感谢萨拉·法戈（Sarah Fargo）。感谢萨拉·墨菲（Sara Murphy）。感谢埃米莉·齐夫（Emily Ziff）。感谢我所有的朋友。感谢贝内特·米勒（Bennett Miller）和丹尼·富特曼（Danny Futterman）——我爱他们，爱他们，爱他们。就像范·莫里森（Van Morrison）反复唱的那样，我爱你们，爱

---

① English 2005: 84.

② English 2005: 161.

你们，爱你们。我要感谢汤姆·伯纳德（Tom Bernard）和迈克尔·巴克（Michael Barker）。多谢你们。我妈妈叫玛丽莲·奥康纳（Marilyn O'Connor），她今晚就在这里。如果你今晚见到她，请向她表示祝贺。她一个人带大了四个孩子，为此她值得被祝贺。咱们真的站在这里了，你看到了吗，老妈？她带我参加了我人生中的第一次表演；她陪了我一整晚，看完了大学生男篮四强赛；她的梦想成就了我的梦想。老妈，自豪起来吧，因为我为你自豪，而我们今晚经历了这美妙的一切。谢谢大家。①

霍夫曼的情感迸发少了乔治·华盛顿告别词中的那种克制的谦逊。但在2006年，与1796年②的华盛顿一样，《卡波特》里的这位明星心知肚明，自己到了论功行赏之时，不过他也强调，这绝非他一人之功。在极为有限的时间内，除了感叹自己的好运，获奖人通常还会对合作者、家人与朋友致以热烈的感谢。他们遵循了标准的美国式领功脚本。

得奥斯卡绝非突如其来。近年来，筛选委员会每年都为每个主要奖项提名三至五个候选人，被提名者在颁奖典礼上总是衣冠齐楚。不仅如此，为了获得提名，制片公司和表演者本人经常广拉选票。身为影评人和奥斯卡奖专家的哥伦比亚大学社会学博士

---

① Hoffman 2006. 引文有少量错漏，译者根据获奖感言视频和美国电影艺术与科学学院网站的文字记录做了更正。——译者注
② 原文为1798年，当属笔误。——译者注

伊曼纽尔·利维（Emanuel Levy）讲了下面这个故事：

1945年，琼·克劳馥（Joan Crawford）和她的媒体经纪人亨利·罗杰斯（Henry Rogers）展开了好莱坞历史上规模罕见的公关活动。据传记作者鲍勃·托马斯（Bob Thomas）说，在电影《欲海情魔》（*Mildred Pierce*）拍摄期间，制片人杰里·沃尔德（Jerry Wald）感到有不寻常的事在发生，于是给罗杰斯打电话：

沃尔德：你何不开始为琼的奥斯卡奖拉选票呢？

罗杰斯：可电影才刚开拍呢，杰里。

沃尔德：那又如何？

罗杰斯：那我怎么做呢？

沃尔德：很简单。给赫达·霍珀（Hedda Hopper）打电话，告诉她"琼·克劳馥在《欲海情魔》中的表演如此出色，片场内的其他人已经预料她将获得奥斯卡奖"。

罗杰斯：杰里，你真是满嘴喷粪。

沃尔德：或许吧。但这可能管用。你有啥好损失的？

在给霍珀这位著名八卦专栏作家的每日报告中，罗杰斯加进去了一些"机密"材料。几天后，霍珀写道："内部人士说，琼·克劳馥在《欲海情魔》中的表演极其出彩，已经锁定了学院奖。"其他专栏作家纷纷效仿，预言奥斯卡已成克劳馥的囊中之物。①

翌年春天，因在《欲海情魔》中的表演，琼·克劳馥获得了1945年度的最佳女演员奖。

对于学院奖在当代美国文化中的地位，利维总结道：

> 如果说，站在奥斯卡领奖台上，感谢你的家人、朋友以及你一生中遇到的所有人，这已成为终极的美国梦，这是否过分夸张？获得认可的强烈需求，被公开承认的欲求，站在聚光灯下的渴求。安迪·沃霍尔（Andy Warhol）在20世纪60年代的预言并不准确——一刻钟的名声太久了。学院规定的四十五秒感言足矣，否则高分贝的催场音乐将打断你的发言。当然，获奖感言长度创奥斯卡奖纪录的朱莉娅·罗伯茨（Julia Roberts）或沃伦·比蒂（Warren Beatty）除外。②

1949年，简·怀曼（Jane Wyman）因在电影《心声泪影》（*Johnny Belinda*）中出色地扮演了一位聋哑人而获得学院奖。她的获奖感言远远短于平均用时，整场发言如下："我因一次缄口不言而荣幸获奖。我想我要再来一次。"③不过，大体上，奥斯卡奖得主会用滔滔不绝来填满这不朽的四十五秒。和温布尔登网球公开

---

① Levy 2003: 330.
② Levy 2003: 16.
③ Oscarworld 2006.

赛或世界杯足球赛的最终获胜者一样，他们赢得了比赛，并迎来荣耀一刻。

回想一下功劳如何判定。无论是某人（如朱莉娅·罗伯茨或沃伦·比蒂）获得功劳或其他人［如2006年奥斯卡颁奖典礼主持人——喜剧演员乔恩·斯图尔特（Jon Stewart）］授予功劳，这些都在宣告，获奖人所做的某件事实实在在地提升了某项重要活动的价值。最佳女主角在提升电影价值上胜过其竞争者。不仅如此，她的成功不单单是时势所趋或贵人相助：她通过有意地施展自己的才干，使电影变得更好。

此外，获奖感言还提到了合作者、朋友和家人。这表明，功劳的收授在实至名归的自己人和所有其他人之间画出了界线。功劳收授的参与者将功劳的要素——能力、责任、后果以及群体边界——放入易于识别的故事中。如果有人偏离脚本太远，总会有其他人现身加以纠正。不仅如此，至少在荧幕外，某个竞争对手或遭冷落的团队的成员往往会发出抱怨，声称功劳授予了错误的人选或团队。本章展示功劳的这些关键元素是如何融为一体的。

为了融合这些要素，人类发明了四种不同的方法：锦标赛、荣誉、晋升和关系网络。

- **锦标赛**：一个竞争性的淘汰过程始于数量众多的候选人，止于每个类别的唯一获胜者。获胜者既可以是个人，也可以是团队。
- **荣誉**：某个群体的既有成员接受其他成员对外部人士的提

名，并制定筛选过程，以决定谁有资格加入这个群体。
- **晋升**：对一定级别的一组人进行某种筛选，以决定哪些人获得进一步提拔。
- **关系网络**：人们利用当地的习俗和资源，决定哪些人的表现有功。

锦标赛、荣誉、晋升和关系网络均构建了正义度量表。在四种模式中，功劳的认定者和认领者都认可，某个人（或一群人）可以认定责任的自觉表现提升了某种重要活动的价值。在他们看来，这一表现将功劳的获得者置于群体边界的正面一侧。它还将功劳的授予者置于获得者的同一阵营。

上述四个范畴有所重叠。例如，在某些荣誉团体中，一个由精英组成的评审委员会选择新加入者，更像一场锦标赛。在另一些荣誉团体中，全体成员投票决定新加入者，但有时，一个成员就可以将某个候选人拒之门外。奥斯卡奖相当于每年一届的锦标赛，但美国电影艺术与科学学院的会员资格更接近荣誉模式。从学校毕业通常是一个晋升过程，但某些精英学校的毕业程序借用了荣誉模式。重要组织内部的晋升往往比学校毕业更为严格：一些成员得以晋升，大部分人原地打转。在此意义上，这种晋升比学校毕业更类似于锦标赛和荣誉。但日常生活中的功劳判定很少遵循锦标赛、荣誉或晋升模式。相反，它取决于地方关系网络内部的故事讲述。

锦标赛

我在哥伦比亚大学的同事埃里克·坎德尔（Eric Kandel）曾获诺贝尔生理学或医学奖。他感人至深的自传《追寻记忆的痕迹》（*In Search of Memory*）记述了他的人生与研究，尤其是他如何提出了有关记忆如何运作的科学发现。这本书从1938年坎德尔全家在纳粹军队进占时仓皇逃离维也纳讲起，以诺贝尔奖结束。他告诉我们，2000年赎罪日（Yom Kippur）清晨5点15分，他在纽约的寓所响起电话铃声——诺贝尔基金会（Nobel Foundation）秘书长来电通知他获奖。坎德尔评论道：

> 斯德哥尔摩评选的保密程度一定属于世界顶级。几乎从未有过任何泄露。所以，几乎不可能提前知道每年10月的大奖归属。不过，只有极少数诺贝尔奖得主对自己获奖感到彻底震惊。大多数有资格获奖的人都能察觉到自己是被考虑的人选，因为他们的同事会谈及这种可能性。不仅如此，卡罗琳斯卡医学院（Karolinska Institute）定期举办研讨会，将世界顶级生物学家带到斯德哥尔摩，而我几周前刚参加这种研讨会。尽管如此，我并没有预料到这个电话。许多众望所归的候选人从未获奖，我也觉得自己不太可能被认可。[①]

坎德尔在这里描述了自己捧得锦标的历程。和奥斯卡奖得主

---

① Kandel 2006: 393–394.

一样,他煞费苦心地将功劳与他人分享。但他也承认,自己的科研成就"实至名归"。

你也许会以为,不同于奥斯卡奖和其他娱乐奖项,学术界的奖励超脱了锦标赛式的拉选票活动。但一位瑞典皇家科学院(Swedish Academy)的朋友在1996年向我透露了一些消息。瑞典皇家科学院授予诺贝尔经济学奖,其资金来自瑞典中央银行(Swedish Riksbank)而非诺贝尔基金会。这并没有使这一奖项贬值,或减弱竞争者对它的渴望。"我们不费吹灰之力,"这位经济学家笑言,"就可以请一流的经济学家来斯德哥尔摩做报告。实际上,他们往往愿意自己掏腰包来。"虽然没有另一个赫达·霍珀来发布经济学小道消息,但围绕主要奖项的隐秘政治活动在学术圈绝不罕见。

我们该感到惊讶吗?即便是通常基于靠谱表现和不惹麻烦,而非个人才干来进行提拔和奖励的组织,也常常会颁发一些奖赏,表明受奖励者出类拔萃。作为一名海军上尉,我在朝鲜战争中的表现为我赢得了奖章,虽然奖励的只是品行端正以及在朝鲜战场的服役。但它使我在圆满退伍之前获得晋升,它甚至为退伍后的生活带来了某些好处。《退伍军人权利法案》(G. I. Bill)使我得以重返校园。即便是今天,如果我的基本医疗保险不能报销医疗费用,我仍然可以向退伍军人事务部(Veterans Administration)寻求帮助。我在服役时从未赢得任何锦标,也未入选任何荣誉军事团体。尽管如此,我仍自豪地在军装上配上代表这两枚奖章的勋带以及代表军阶的肩章。它们表明我不是一个初出茅庐的新手。

高级军官胸前佩戴的五颜六色的勋带多来自太平无事的服役期,而不代表危难时刻的挺身而出。在大多数时候,靠谱行事,不惹麻烦,你就会和同侪一起获得提拔。不过,到了一定的军衔,比如大多数军队中的上校,晋升制度就发生了转变。从一个军衔到下一个更高军衔,原先是相对渐进的淘汰,现在则是为了晋升而激烈角逐。在这个临界点之后,军队中的晋升就变成锦标赛模式,呈现出底宽顶尖的金字塔结构。

最看重奖励的领域最像锦标赛。小说家、诗人、画家、舞蹈家、赛跑者、小提琴家、拳击手、歌剧演员、时装模特、爵士音乐家和电影演员都属于这些领域。锦标赛极具诱惑力。它们为少量引人注目的获胜者提供了数额可观的奖励,并在最终的输家中激起了获胜的奢望。[①] 它们涉及不计其数的低层级参与者,或兼职或全职,但只有少数人最终斩获大奖。

尽管有些人出于愉悦、探险或对血斗的喜好而不懈地参与竞争性活动,但大多数人从未获得他们自认为应得的功劳。我所处的美国学术圈要稍微平和一些。一位恪尽职守的竞争者经常在既未扬名立万,也未功勋卓著的情况下步步高升。但到了更高级别,学术界就和部队一样,转向锦标赛的模式。学术大佬们对功劳(包括最高级别的诺贝尔奖)的争夺变得激烈,有时甚至近乎残酷。

一个负面的例子可为佐证。2002 年,俄罗斯数学家格里戈

[①] Frank and Cook 1995.

里·佩雷尔曼（Grigory Perelman）开始发表论文，证明1912年去世的法国人亨利·普安卡雷（Henri Poincaré）①的一个有关三维球面特性的猜想。这一猜想困扰了数学界一个世纪之久，克莱数学研究所（Clay Mathematics Institute）更是悬赏一百万美元寻求对这一难题的有效解决方法。基于我的哥伦比亚大学同事——理查德·汉密尔顿（Richard Hamilton）的工作，佩雷尔曼另辟蹊径，提出了精妙复杂的解决方案。到了2006年，遍及世界的数学行家已经验证了佩雷尔曼的证明。

经过投票，国际数学联盟（International Mathematical Union）的一个下属委员会决定授予四十岁的佩雷尔曼菲尔茨奖（Fields Medal），这是四十岁以下数学家可以获得的国际最高荣誉。但华裔美国数学家丘成桐［他本人曾因卡拉比-丘流形（Calabi-Yau manifolds）而获菲尔茨奖］对佩雷尔曼研究的重要性提出质疑。丘成桐［其本人的研究建立在欧金尼奥·卡拉比（Eugenio Calabi）的成果之上］声称，自己的学生朱熹平和曹怀东给出了确切的证明。麻省理工学院的学者丹·斯特鲁克（Dan Stroock）对此颇为不满：

"卡拉比勾勒出了一个雏形，"斯特鲁克说，"事实上，今日的佩雷尔曼正如当初的丘成桐。但今日的丘成桐站到了另一边。当初，他心安理得地将卡拉比-丘流形的主要功劳

---

① 又译"昂利·庞加莱"或"昂利·彭加勒"。——译者注

归给自己。现在，佩雷尔曼因为完成了汉密尔顿的研究而获奖，他似乎又愤愤不平。我不知道他有没有想过这两件事的可比性。"①

佩雷尔曼令所有人大吃一惊。他拒绝领取菲尔茨奖，没有申请百万美元的奖励，并退隐到俄罗斯圣彼得堡的小型研究中心。但看起来，在这场竞争激烈的锦标赛中，数学史家要宣告他为获胜者——归功于他。在写给《纽约客》(New Yorker)杂志的信中，斯特鲁克补充道："当然，我们其他人都嫉妒他们的不朽，但嫉妒并不能成为我们屈从于螃蟹效应（crab-bucket syndrome）的借口。"②水桶里的螃蟹互相撕咬，而不是将功劳恭敬地授予最优者。学术锦标赛常常蜕变成蟹斗。

荣　誉

如果你在美国受过教育，你的高中或预科学校可能有院长嘉奖名单（dean's list）和全国高中荣誉生协会（National Honor Society）的分会。我的高中就有。如果是这样，你的高中成绩单很可能显示你获得过这两项荣誉。（毕竟你在读这本书，这很可能说明你成绩不错。）作为全国高中荣誉生协会的会员，你曾收到一枚小巧的金质饰针，它标志着你的平均成绩优秀，并通过了教师委员会的资格审核。教师委员会多半还在审核通过之前考察了你

---

① Nasar and Gruber 2006: 15.
② Stroock 2006.

的服务、领导力、品性与公民责任感。目前，全国高中荣誉生协会的标准是平均分八十五分以上或同等条件。[①]

我自豪地将荣誉生协会的饰针在翻领上别了一段时间。之后我进了大学。我很快发现，班上几乎所有美国同学都是荣誉生协会的会员，一些同学还获得过远高于此的荣誉。我默默地将饰针放到抽屉里，与袖扣和挂件混在一起。几年后，类似的事情再次发生，在投身大多数人都拥有优等生联谊社（Phi Beta Kappa）纪念钥匙的学术界后，我将自己的钥匙放到了储物柜里。一个荣誉团体的会员资格能给你带来多少功劳，这显然取决于炫耀会员资格的具体场合。

不同于大部分荣誉团体，全国高中荣誉生协会的评审人员是成年人，而不是现有成员。优等生联谊社的分社可以选择由当地教师委员会负责评审，也可允许现有学生成员加入评委队伍。但大多数荣誉团体由曾获选的成员决定谁有资格加入。随之而来的是如下后果：

- 现有成员往往选择和他们有关系的新人加入；
- 现有成员往往选择和他们类似的新人加入；
- 存在派系之争的荣誉团体或招募新人以支持占上风的派系，或基于既有派系格局来招募新人；
- 因此，荣誉团体通常在一轮轮的招募中自我复制。

[①] National Honor Society 2006.

想想那些冠名为国家学术院（national academies）的地位煊赫的荣誉团体。17世纪以来，大多数西方国家都设立了文学院、科学院、医学院以及其他学术领域的学术院。最早的西欧国家学术院以希腊、罗马和意大利文艺复兴为模板，但又各具地方特色。法国枢机主教黎塞留（Cardinal Richelieu）在1635年创立了近代最负盛名的国家学术院。身为国王路易十三（Louis XIII）的首相，他将持续了若干年的文人墨客品读文字、清谈高论的私人聚会性质的非正式沙龙改造成一所皇家机构：法兰西学术院（Académie française）。这所新学术院以维护法语的纯正性为己任。

在那个皇权时代，如果不吸纳处尊居显却未必才气横溢或用语考究的贵族，这种机构是不可能建立起来的。一位17世纪法兰西学术院创建期的编年记录者曾隐晦地指出：

> 初始条件之一是将一众卓越之人纳入学术院，其中有些因其社会地位而入选。由于宫廷总是热情地接受大臣和王室亲信的喜好，尤其是合理且正当的喜好，那些和枢机主教关系密切以及因大智大慧而出名的人均以一个受枢机主教保护和关照的团体为荣。①

从那时起，包括首席大臣、国王、皇帝或总统在内的法国政府首脑一直享有法兰西学术院"监护人"（protector）的头衔。

---

① Pellisson-Fontainer and d'Olivet 1858: I, 16–17.

在路易十三做出最初任命后，法兰西学术院形成固定模式：推选四十位终身院士，其资格只有在存在重大不端行为时才可撤销；新院士先由学术院向社会征求名单，或潜在候选人向现有院士示好，再由现有院士选出；富贵堂皇的会议厅；庄严盛大的院士资格授予仪式，包括就职演说和颂词；至尊无上的荣誉。除了旨在互相欣赏和祝贺的会议，法兰西学术院还负责出版最权威的法语词典。词典的第一版问世于1694年，现在已经推出了第九版。

学术院随后在法国风行一时。巴黎市不久就新增了：

- 法兰西绘画与雕塑学术院（Academy of Painting and Sculpture，1648年）
- 法兰西铭文与美文学术院（Academy of Inscriptions and Belles-Lettres，1663年）
- 法兰西科学院（Academy of Sciences，1666年）
- 法兰西音乐学术院（Academy of Music，1669年）

例如，在大臣让-巴普蒂斯特·柯尔贝尔（Jean-Baptiste Colbert）的影响下，法兰西科学院对顶尖的数学家和自然科学家予以皇家认可。国王路易十四（Louis XIV）及其继任者们继续主持科学院的正式任命，尤其是有别于常规院士的荣誉院士。但科学院院士们逐渐开始主导院士增选工作。他们的选择举足轻重，因为科学院获得了审批科研项目、任免专业科研机构人员、辅佐政府科学决策以及垄断主要教学科研岗位的权责。①

之后不久,其他主要法国城市开始效仿巴黎。到了1700年,昂热(Angers)、阿尔勒(Arles)、阿维尼翁(Avignon)、卡昂(Caen)、里昂(Lyon)、尼姆(Nîmes)、苏瓦松(Soissons)、图卢兹(Toulouse)和博若莱自由城(Villefranche-en-Beaujolais)都成立了自己的学术院,其中大部分附属于法兰西学术院。②伟大的历史学家、法国省级学术院研究权威达尼埃尔·罗什(Daniel Roche)指出,这些学术院在很大程度上成为绝对王权的一部分,被巴黎和凡尔赛宫用来界定法国文化。院士们推崇巴黎文化,讲巴黎法语,并加以大力倡导。

"在18世纪,"罗什写道,

> 王室可以要求有教养的阶级加入统治阶级行列,以此证明这个社会以服务和功绩为重。对于来历、资历、职位和财富有别的贵族,王室力促在文化活动上的和解。为了隔离资产阶级,王室倡议有闲者和经商者做出牺牲,并(以社会福祉和效力国家为名)相互和解。学术理念由此体现了在打造新社会秩序和治理等级分离的旧社会方面的开明绝对主义。③

法国的学术院展现了一幅自主筛选的荣誉团体的理想图景:

---

① Hahn 1971: C3.

② Roche 1978: I, 19–20.

③ Roche 1978: I, 391.

以服务人类为荣。

这一荣耀引发了对院士资格的竞逐。例如，1683年和1684年，让·德·拉封丹（Jean de la Fontaine）成为法兰西学术院院士候选人。作为流传至今的《拉封丹寓言》（Fables）的作者，他因有伤风化的世俗立场招致了时任学术院教士的反对。教士们更倾向于他的竞争对手尼古拉·布瓦洛（Nicolas Boileau），一位曾出任国王路易十四的"史官"的虔诚天主教诗人。路易十四当时正竭力打造自己完美的天主教君王形象，因此加大了对法国新教徒的迫害程度。① 他把对拉封丹的提名搁置了六个月，并在1684年以自己的权势将布瓦洛送入学术院。

然而，随着时光的流逝，监护人对学术院院士自主筛选的干涉越来越少。一个后果是，新院士和选出他们的老面孔越来越像。这种相似性也包括性别：仅有四位女性曾在学术院中占有一席之地。时至1980年才产生第一位女院士，法裔美国人玛格丽特·尤瑟纳尔（Marguerite Yourcenar）。和其他地方一样，在法国，"荣誉"有其界限。对于荣誉团体来说，界限主要来自既有成员的自我形象。

学术院所展现的理想图景在法国之外也引起了极大的回响。在美国南北战争时期，几位科学家、工程师和军官以战争为契机，促成了一个最终不逊于法兰西科学院的精英机构：

---

① Tilly 1986: 153—156.

三位在政府工作的顶尖科学家希望以科学助战争一臂之力，成功游说海军部在1863年2月任命他们为"常设委员会"，对科技事务提供指导。委员们不领薪，也没有研究经费，只负责评审其他人的研究计划，因此并未产生显著影响。由于一直渴望有一个媲美法兰西科学院的美国机构，这三位委员和另外两位科学家还把握住了战争所带来的契机，设法使国会对美国国家科学院（National Academy of Sciences）立案，依据是这一机构可以为政府提供一般性的咨询。新成立的科学院同样没有经费来源，且陷入对院士资格的明争暗斗中，政府并未予以重视，尽管它在下一个世纪变得声誉卓著、鼎铛有耳。①

美国国家科学院幸存了下来。到了后来，它在美国人的学术生活中扮演了三重角色。它在科学议题上为不同政府机构提供咨询。它成为科学界对争议性问题（如今日的全球变暖和生物进化议题）的公开传声筒。它还筛选出少数科学家，授予他们科学院院士称号，并给其中最杰出者颁发奖励。除了评审院士资格和奖项，美国国家科学院还组建委员会、发布报告，并就科学争议召开万众瞩目的会议。

时至今日，美国国家科学院约有一千八百位院士。这些院士每年选出七十到八十位新科学家，以替代去世的院士。科学院还

---

① Bruce 1993: 204.

与两个并列的学术院合作：美国国家工程院（National Academy of Engineering）和美国国家医学院（Institute of Medicine）。这三个学术院通过美国国家科学研究委员会（National Research Council）这个共有的机构展开研究。这些学术院的规模远大于法国的同类学术院。它们仍旧传播"以服务人类为荣"这一理念。它们同样增选类似老院士的新院士。美国国家科学院的社会科学家们于1983年增选我为院士。从那时起，我承担了相应的职责：加入相关委员会、撰写报告、参加不同主题的会议。我也参与了院士增选工作。大体而言，新院士和包括我在内的老院士极为相像。

即使再不起眼，所有荣誉都有类似之处。功劳判定的基本模式是：在符合资格的候选人中进行选拔，使他们加入自主筛选的精英团体。它使新成员穿越群体边界。它因新成员做出重要贡献的能力和责任而将功劳授予他们：优异表现使他们跻身这一团体。

晋　升

晋升同样是对产生功劳的责任相关的优异表现的嘉奖。但它较少表现为加入自主筛选的精英团体。更常见的情况是，有资格的评审人宣布，符合条件者均已达到升至下个更高级别的标准。

互有关联的评审人、候选人和第三方往往密切关注候选人是否真正符合颁布的标准。在1999年的国情咨文中，美国总统比尔·克林顿（Bill Clinton）呼吁终结他所谓的"自动升级"（social promotion）政策，不再让未达标的学生仅凭年龄而升级。美国教育部不久发布了《担当废止自动升级的责任》（*Taking*

Responsibility for Ending Social Promotion）的报告。报告声明：

> 让准备不足的学生在学校里过关，或在不解决其需求的情况下留下他们，都剥夺了他们接触更高一级教育的机会，无论是高等教育还是职业教育。两项政策均向学生传递了一个信号：社会对他们没有多少期待，他们没有多大价值，不值得花费时间和精力去帮助他们完成学业。这些政策的代价超出了学生个人，影响到整个社会。雇主对高中文凭缺乏信心，认为它不足以证明毕业生拥有必要的技能。高校和企业花费资源，为学生和雇员提供补救性训练。教育和技能的缺乏与少年及青壮年人口的贫困、高犯罪率和暴力行径高度相关。[1]

教育部长理查德·赖利（Richard Riley）表示，自动升级已经成为一个全民问题。它正在削弱高中文凭的重要意义。它正在消解学业和功劳之间的关联。

与之相反，毕业典礼将这种关联戏剧化地展现出来。在加拿大和美国，高中与大学的毕业典礼遵循一套标准程序。具体内容如下：

- 达到基本要求的毕业生穿戴中世纪风格的礼帽和礼袍，其颜色和样式大体相同。（在高校毕业典礼中，礼服的兜

---

[1] Education 1999: 1–2.

帽——但从没有人当兜帽戴！——随专业和学位而有所不同。）

- 家人和朋友同样精心装扮，但不穿戴礼帽和礼袍，在毕业典礼区就座。
- 观众起立，毕业生列队走入场地，通常伴以埃尔加（Elgar）的《威风堂堂进行曲第一号》(*Pomp and Circumstance March No. 1*)或其他音乐，并经常由显要人物带领。
- 毕业生和观众就座。
- 一位或几位演讲者（有时包括毕业生代表）致辞。
- 校领导向毕业生、教师和特邀嘉宾颁授荣誉。
- 毕业生排成整齐的队列，在叫到自己名字时上前领取毕业证书（或合适的仿制品）。
- 一位校领导正式宣布他们毕业。
- 校领导和毕业生退场，观众随后解散。
- 狂欢开始。

毕业典礼以一种准宗教的形式集体授予功劳。

　　它和宗教仪式的相似性并不令人惊奇。北美洲的毕业典礼仍然遵循14世纪的欧洲仪式，在当时，获得正式学位的学生全部来自宗教界，并且在祭司的指导下学习。在长达六个世纪的时间里，毕业典礼标志着整个年级的学生达到了基本要求，正向人生的下一个阶段进发。和锦标赛与荣誉团体一样，毕业生的功劳来自产生成功后果（即个人知识与技能在价值上的提升）的责任相关的表现。但在毕业典礼中,大部分或所有符合资格者基本是同时过关。他们成功升级,加入了前辈的行列。和成为神学博士的14世纪神职人员一样,他们晋级了。

毕业典礼并非一味模仿先辈。例如,典礼上的演讲嘉宾有时会说出一些充满智慧的话。2005年5月,当生于印度的百事公司(PepsiCo)董事长兼首席财务官卢英德(Indra Nooyi)为哥伦比亚大学商学院的毕业生致辞时,她将五块大陆比作五根手指,将美国比作中指,并指出,如果使用不当,

> 就像美国一样——中指就有可能传递负面信息,并给我们招惹麻烦。你们知道我在说什么。其实,我猜你们想让我演示我的意思。相信我,我可不想有志愿者来现场演示。
>
> 小心即大勇……我还是算了。
>
> 在这五根手指和五块大陆的类比中,有一点最重要,在商界或政界伸出手臂时,我们所有美国人,也就是最长的中指,必须小心翼翼地确保自己伸出的是一只手……而不是那根指头。有时这很难做到。因为美国——也就是中指——伸得如此之长,我们可能会无意中传递错误信号。
>
> 不幸的是,我觉得其他国家的人民现在正是这样看美国的。不是作为手的一部分——给其他手指带来力量和目的——而是相反,用中指来挠鼻子,这就传递了一个截然不同的信号。[1]

---

[1] Nooyi 2005: 2–3.

对于毕业典礼的演讲嘉宾,我会提出如下建议:发言尽可能生动,至少要具有一定的激励性;尽量简短——典礼不结束,鸡尾酒会就无法开始;把功劳归给毕业生,将毕业生的出色能力、责任、后果以及群体边界融入一个简单易懂的故事。卢英德做到了以上这些,在其中一点上还更进一步。她还把功劳归给了毕业生的长辈。"你们每个人的父母,"她言简意赅地说,"都相信自己的辛勤劳动已得到回报。这一刻终于到了!他们相信,也许——只是也许——自己养育出了下一个杰克·韦尔奇、梅格·惠特曼(Meg Whitman)或陆思博(Patricia Russo)。"[1]下次在毕业典礼上讲话时,我会试着效法卢英德。

作为一种晋升形式,毕业典礼只是个案:同一年级或等级的人在大致同一时间跨越了类似的障碍。晋升更多地表现为对个人功劳的认定。像在学校时一样,人被划分为不同的级别,但他们以自己的步调晋级,有时则止步不前。尽管如此,在内部等级有别的大型组织中,如果表现尚可,工作满一段时间且没有招惹麻烦,工作者通常会期待某种晋升。他们的功劳来自为组织效力。

我父亲正有这种想法。父亲读高中时,他在拖拉机厂工作的父亲,也就是我的爷爷,因工伤致残,他被迫退学养家。父亲后来上了夜校,拿到了高中文凭,修了会计学课程,最终通过自己的努力跻身白领。在我拿到博士学位并在大学当了几年教书匠后,父亲有一天把我叫到一边。"你的文化程度不错,看起来也足够聪明,"他说,"为什么还没当上院长呢?"对我父亲来说,"院长"

---

[1] Nooyi 2005: 4.

意味着"老板"。

我不得不解释：高校另有一套晋升制度。如果你表现尚可，教了几年书且没有招惹麻烦，最终会从授课教师晋升为助理教授，到副教授，再到正教授。你到头来都未必会当院长。最终，我工作过的几所大学终于让我当上了教授，但从未让我做过院长。这些大学给了我学者和教师的功劳，但没有给我管理者的功劳。

晋升纠纷

社会学家经常考察以北美高校为代表的晋升制度。这类制度给了社会学家将统计技能用于当事人所关注问题的难得机会：谁获得晋升，谁未获提拔？统计分析可以是下列两种方式的一种或结合。我们可以问，这一制度以晋升所嘉奖的是什么特质和表现。也可以分析这一制度是否结构性地奖励某类候选人，并结构性地惩罚其他人。

在第二种分析中，统计处理通常要剔除教育程度、工作经历和表现评级等变量的影响，再决定剩下的晋升结果差异是否在很大程度上与假定的类别归属或非归属相关，如种族、性别或其他身份类别。大体而言，研究者想了解这一制度是否将其他方面符合晋升条件的人进行了种族、性别或其他类别上的划分。

这种统计分析有两个缺陷。首先，它包含一种对歧视的狭隘理解：身份类别不同但其他条件类似者在结果上的不同。教育程度、工作经历、表现评级和其他特质往往源于身份类别，但在这种分析中，这没有被纳入歧视。其次，它对身份类别导致不同结果的过程所言甚少：是老板直接拒绝提拔员工，原有工作任命的差异，同事从中作梗，还是其他晋升障碍？尽管如此，这类统计分析的简洁性和可靠性使其凸显了亟待解释的差异。[1] 它们构建了自己的正义度量表，考察在责任与能力相当的情况下，某些群体的回报是否少于其他群体。

这种分析在美国沃尔玛超市性别歧视案中派上了用场。美国的零售业遵循一种因卡尔·马克思的研究而闻名的模式：它使资本家有机会在其雇员变穷时仍能致富。在过去的几十年，折扣、成本削减和激烈竞争使大型零售业变得极为有利可图，还使其成为一个相对工资下降的主要部门。大型零售业的扩张在很大程度上导致了全国整体收入差距的扩大。[2]

沃尔玛是行业翘楚。到了 21 世纪初，沃尔玛已成为全世界最大的私人雇主和美国最有钱的公司。它还成为一起注定要掀起波澜的集体诉讼（杜克斯等人诉沃尔玛公司案）的对象。2001 年，包括贝蒂·杜克斯（Betty Dukes）在内的七名现任和前任雇员依据《1964 年民权法案》（Civil Rights Act of 1964），对沃尔玛提起诉讼。她们指控沃尔玛在工资、工作任命和晋升上存在歧

---

[1] Tilly 1998：第 3 章。例如，2006 年，加州大学洛杉矶分校法学教授理查德·桑德尔（Richard Sander）的一篇文章引发了激烈争论。桑德尔指出，大型律师事务所纷纷雇用学习成绩远低于其他肤色求职者的黑人律师，而后者差人一等的履历使合伙人将大部分繁重低下的"苦差事"指派给黑人律师，这反过来阻断了黑人律师通往合伙人的晋升渠道，使他们中的多数人在有资格成为合伙人之前辞去工作。批评者对较差的学习成绩或工作种类的平均差异并无异议，但强烈反对桑德尔的因果解释。参见 Sander 2006, Liptak 2006, Coleman and Gulati 2006。

[2] Carré, Holgate, and Tilly 2005。

视。大案要案总是进展缓慢。2004年6月,旧金山联邦地区法院法官马丁·詹金斯(Martin Jenkins)裁定,这场官司可以成为代表沃尔玛所有现任和前任女性员工的集体诉讼。这意味着会有一百六十万潜在受益者,是有史以来美国法院受理的最大规模的集体诉讼。

几位女员工的律师雇了三位专家:经济学家马克·本迪克(Marc Bendick)、社会学家威廉·比尔比(William Bielby)和统计学家理查德·德罗金(Richard Drogin)。本迪克负责调查沃尔玛管理层中的性别结构,比尔比侧重于沃尔玛的人事措施,德罗金则主攻沃尔玛女员工的招聘、解聘和工作变动。这三者中,德罗金的分析与晋升中的歧视存在最直接的关系。德罗金主要区分了三种类型的工作:起步级卖场工作(计时工资制)、卖场管理层(薪金加奖金)和跨卖场管理层(薪金加奖金)。

原告方首席律师布拉德·塞利格曼(Brad Seligman)在地区法院上简要描述了沃尔玛的管理层晋升政策:

> 你从销售助理做起,到管理培训生、助理经理、联席经理,最后到卖场经理。所有人都是这样一步步做起的。职位越高,你的责任也就越重。记录还清楚显示,在卖场经理空缺时,联席经理负责。在联席经理空缺时,助理经理负责。在助理经理空缺时,销售助理顶上。所以向上晋升是一个度的问题。[①]

---

① District Court 2003: 52.

小时工和领薪管理者之间的边界将管理培训生和助理经理区分开来,后者的职位要求四到六个月的培训期。

2001 年,女性在沃尔玛的小时工中占了七成,在领薪雇员中只占 33%。几乎九成的客户服务经理(级别最低的文职岗位)是女性,而只有 15% 左右的卖场经理是女性。不仅如此,在所有职位中,女性的薪酬都明显低于男性。① 专家们起用了基于统计手段的正义度量表。他们问道,管理培训生资格的工种分配系统是否系统性地弃置女性?类似的工作表现,沃尔玛女员工的价值提升表现所获得的功劳是否少于男员工?在这起诉讼的早期阶段,几位专家还关注沃尔玛的工作任命、晋升和薪酬政策是否足够统一化和集中化,是否适用于所有女员工,以分析这能否作为一起独立的集体诉讼。

几位专家对上述问题给出了肯定的答案。所有分析都指向同一个方向。尽管女员工在沃尔玛的工作年限长于男性,且平均表现评分高于男性,但沃尔玛在所有级别的工作岗位上提拔的女性都少于男性;女性晋升速度更慢,且晋升后的收入少于同级别男员工。不仅如此,沃尔玛并不在卖场内张贴新管理岗位的广告。相反,在职位空缺时,这家公司依靠现任经理来物色人选。前任雇员德特里克斯·扬(Detrx Young)在接受访谈时说:

> 1988 年的时候,我在反馈表上说,希望自己能晋升为销售助理 [计时薪水职位]。我听别人说这一职位有空缺,所以

---

① Drogin 2003: 12-18.

在反馈表上表明了自己的兴趣。……在那时,我已经在这家公司工作了七年,并且几乎在所有部门都干过。我对这家卖场和流程非常熟悉,并且愿意在任何时间、任何时段上班。我真的很想在这家公司获得晋升。但尽管我和助理经理谈过,并且提出申请,我却连面试机会都没得到。相反,他们提拔了一个名叫约翰·库珀(John Cooper)的男员工。他资历比我浅,经验没我多,而且没有在茶水室的名单上写下自己的名字。约翰·库珀是被卖场经理格伦·弗洛里(Glen Flory)先生提拔的,他们关系很好。①

扬和类似沃尔玛员工的工作表现没有获得足够的功劳。相反,她们因归属于错误的社会类别而遭到惩罚。在我写作本书的2007年春季,没有人知道这起重大法律案件将如何收场,何时收场。②但这起纠纷显然聚焦于我们的主要问题:这种晋升制度有没有给弱势群体的表现以足够的功劳认定?答案似乎是否定的。

关系网络

菲利普·罗斯(Philip Roth)在2006年发表了对肉身死亡的沉思之作《凡人》(*Everyman*)。"凡人"是一位没有名字的反英雄,这部小说以其葬礼开篇。"凡人"有过三次婚姻和数段私情,

---

① Besen and Kimmel 2006: 178.
② 2011年6月,美国最高法院驳回这起集体诉讼,理由是一百六十万女员工并不存在足够的共性。——译者注

育有三个孩子，一生从事广告事业。经历日渐严重的健康危机后，"凡人"最终在做右颈总动脉手术时去世。在葬礼上，体格强健到令人嫉妒的富有兄长豪伊（Howie）谈起了他们在父亲位于新泽西州伊丽莎白市的珠宝店的日子。他描述了父亲雇用的基督徒女孩们，以及年幼的弟弟如何与她们一起工作。几个女孩对已故的弟弟清点信封的效率赞叹不已——他的手指迅捷而灵巧。他以为父亲打工而自豪。豪伊感叹道：

> 只要能成为珠宝商靠得住的儿子，这孩子干任何事都那么开心！那正是父亲的最高赞许——"靠得住"。[1]

大多数时候，我们以类似方式获得一点一滴的功劳。在一个既有的关系网络中，我们基于责任相关的能力对某件有价值之事业做出贡献，由此获得声誉。我们善待自己的朋友，令周围的人开怀大笑，为了别人的幸福而牺牲自己，等等。家父去世时，我们几个悲痛的子女齐聚伊利诺伊，环坐在妹妹卡罗琳（Carolyn）家的客厅，中间摆放着过去的全家福。我们手里捧着钟爱的相片，回忆起几乎忘却的父母往事。父母在大萧条时期将我们带大，把我们送入大学，以及为子女付出了无数心血，我们因此将功劳归给他们。在追忆逝去的生命时，我们潸然泪下。

大多数关系网络没有锦标赛和荣誉那样的大规模选拔。关系

---

[1] Roth 2006: 10.

网络鲜有正式的晋升制度。但通过小道消息、社会压力和道德议论，关系网络在功劳判定方面扮演了关键角色。它们确保我们表现良好，并效力于为它们所代表的"我们"，不管"我们"指谁。当然，在其他人对我们感到失望时，同样的关系网会批评我们的罪过。不管其他职能如何，地方关系网络评功论过。

相比锦标赛、荣誉和晋升，关系网络中的功劳规则在不同地方文化中呈现出更大的差异。在所有四种功劳中，功劳认定都区分自己人和外人，并将功劳的既有获得者划为自己人。大体而言，四种体系的当事人都能识别好坏行为的脚本。但如何将人归类，这些脚本却有所不同。

在所有锦标赛中，竞争起点的人数远多于最终的获胜者，且竞争的每一阶段都要淘汰一大批候选人。不仅如此，在这种体系中，规则往往具有较高的公开性、统一性和不变性。从荣誉到晋升，再到关系网络，特性发生了变化。在关系网络中，最终得到功劳者为数不少，而由于地方文化的影响以及网络成员之间的协商，功劳判定的标准较为含糊、多样和多变。

关系网络基于地方规则将功劳归给许多成员。从而，圈内人士可能凭直觉就对功劳判定的依据一清二楚，而外人会对评判依据困惑不解。即使可能存在性别歧视或任人唯亲的现象，一般而言，晋升具有更公开、更统一的规则。总的说来，晋升所产生的获胜者少于关系网络。但相比荣誉，尤其是锦标赛，晋升往往将功劳判给更多的人。和晋升相比，尤其和关系网络相比，荣誉和锦标赛的竞争规则通常更具普遍性和可见性。当然有例外，例如，秘密会社经常基于永远不会透露给公众的规则物色新成员。但总体而言，随着获胜者数量的减少，功劳评定规则的覆盖面和可见度会相应上升。

从而，关系网络经常在其内部功劳奖励和外部通用标准间呈现出显著差异。梁上君子内部的荣誉体现了这种差别。蒂莫西·吉尔福伊尔（Timothy Gilfoyle）写了一部纽约扒手、骗子、舞台剧演员和（最终）线人乔治·阿波（George Appo）的精彩传记。更准确地说，这部传记以阿波五十多岁时写的未出版自传为蓝本，并对阿波的人生历程和脉络做了细致入微的历史考察。

阿波生于1856年，父亲是华裔移民，母亲是爱尔兰移民。他多次入狱，但总能在各种打斗中幸存下来，由此博得高级惯犯的名声。他在打斗中瞎了一只眼，且浑身都是弹头。1899年，在离开纽约马泰亚宛州立犯罪精神病院（Matteawan State Hospital for the Criminally Insane）后，阿波效力于使命崇高的犯罪预防协会（Society for the Prevention of Crime），成为一名卧底特工。在那个时候，他已不再是犯罪同伙的功臣。

尽管如此，在长达四分之一个世纪中，乔治·阿波一直受到其他罪犯不无怨愤的钦佩，包括许多黑白通吃的警察。改邪归正后，他从共事的其他线人那里获得了功劳。吉尔福伊尔概括道：

> 相较于天主教徒、爱尔兰人或华人这些标签，阿波更是一个"好人"，他有胆量，是一个"勇敢的骗子"，同时以机智和骗术谋生，并将得来的钱财与他人分享——"钱来得快，

去得也快"。最重要的是,他是一个敢作敢当的好人,甚至据阿波自己说,他曾"为别人的罪行"坐过牢。犯罪预防协会的负责人对阿波的描述是"抱诚守真",并将这位洗心革面的前囚犯说成是自己"这辈子见过的真正勇士"。①

我们当然可以说,阿波挑战了地方网络判定功劳的规则。好人在多个不同场合都引人敬佩。但细心揣摩,我们会发现,谁将功劳归给阿波,理由是什么,这些都与他在关系网络中的表现密不可分:阿波曾身为罪犯,后又成为罪犯的敌人。阿波为这一规则提供了反例。

在关系网络、晋升、荣誉和锦标赛中,圈内人士都会讲述功劳获得者的故事。不同故事强调的结局及其原因往往相去甚远。做"好人"和做出重大科学发现迥然不同。但功劳判定的故事共享同一个结构。在所有故事中,责任相关、自主决定的表现提升了圈内人士共享且重视的活动的价值。对这种表现的认可固化了有功的自己人和无功的外人之间的边界。它戏剧化地展现了我们这个社会的道德分歧。

---

① Gilfoyle 2006: 318-319.

第四章 罪 过

2003年2月20日，罗得岛州（Rhode Island）西沃威克镇（West Warwick）燃起了熊熊烈火。当天晚上，摇滚乐团大白鲨（Great White）在西沃威克的站台夜总会（The Station）演出，该夜总会的老板是迈克尔·戴德里安（Michael Derderian）和杰弗里·戴德里安（Jeffrey Derderian）兄弟。表演期间，乐队经理丹尼尔·比歇勒（Daniel Biechele）点燃了焰火。夜总会的聚氨酯隔音泡沫迅即蹿出大火。大火夺去了一百条生命。火灾受害者家属提起民事诉讼，戴德里安兄弟被迫在2005年11月申请破产。2006年，罗得岛法院以过失杀人罪判处比歇勒四年有期徒刑。戴德里安兄弟对类似指控没有提出异议。四十六岁的迈克尔被判处在外役监狱服刑四年；三十九岁的杰弗里被处以五百小时的社区服务与三年缓刑。

罗得岛州高级法院法官弗朗西斯·达里甘（Francis Darigan）宣读了对戴德里安兄弟的判决书。听证会开始时，达里甘在法庭的大屏幕上展示了死者的照片。随后，他向法庭上动了情的观众表态：“我最大、最真诚的遗憾是，我们的刑事司法制度无法提供你想要的慰藉，无法减轻你的悲伤。”

尽管如此，遇难者亲属还是强烈谴责了从轻发落：

"我再也无法向保证不了每个人的自由和正义的国旗宣誓了,"痛失爱女的克莱尔·布吕耶尔(Claire Bruyere,超过二十五位在法庭上发言的受害者亲属之一)说,"我生来就是美国公民。现在我希望能奉还自己的公民身份。"①

未婚夫葬身火海的吉娜·拉索(Gina Russo)昏迷了十一周,头部和胳膊多处烧伤。为了遮盖伤疤,她头戴假发出庭。"你严重伤害了我们,"她向达里甘法官提出抗议,"你欠我们一场审判。我等了三年半。这无异于终身徒刑。我每天都要在镜子里看到自己这个样子。"② 当作证的亲属从个人的悲痛转向对判决的抱怨时,法官制止了他们。他鼓励他们悼念死者,却不鼓励他们对自己的案件审理提出非议。

戴德里安兄弟是沃威克镇上一家杂货店店主的儿子,在罗得岛长大。迈克尔·戴德里安在当地经商;弟弟杰弗里曾就学于罗得岛学院(Rhode Island College),后在波士顿和普罗维登斯主持广播与电视节目。2000年,兄弟俩在西沃威克买下一家名为"加油站"(The Filling Station)的夜总会,并将其更名为"站台"。由于周围的邻居抱怨噪声过大,他们给俱乐部装上了聚氨酯方格形隔音材料。巧的是,杰弗里曾于2001年在波士顿WHDH电视台上报道过聚氨酯的易燃性。但兄弟俩声称,他们对墙上的聚氨酯材料一无所知。隔音材料被涂成深色。消防检查人员也没有留

---

① Belluck 2006.
② Belluck 2006.

意到这一点。①

在宣判时，戴德里安兄弟深表悔恨：

"这场悲剧刻上了我们的烙印。"火灾当晚身在现场的杰弗里·戴德里安泣不成声，费力地读着字迹潦草的手写声明。

"有很多次，我都希望自己没有从那座楼里生还，这样也许会让部分亲属好受一些，"他说，"我知道你们有许多人也希望我当晚葬身火海。那个晚上的尖叫声、碎玻璃和恐怖场景一直在我的脑中挥之不去。"②

更糟糕的是，火灾发生时，兄弟俩正试图出售这家夜总会。他们本计划次日转让售酒执照。迈克尔·戴德里安的妻子希瑟（Heather）刚提出离婚诉讼，要求他将夜总会转手，以达成离婚协议，偿还沉重的债务。③戴德里安兄弟有许多悔恨的理由。他们和乐队经理一起承担了罪过。

本章提出并回答两个有关罪过的问题：损失的见证者或亲历者如何判定罪过？他们眼中的适当补偿是什么？结论颇令人惊讶。罪过判定的社会过程和功劳归结的过程极为类似，但方向正好相反。在判定罪过时，正义度量表遵循和归结功劳一样的基本原则，但得出相反的结果。本章试图展现这一过程如何体现在重大过失、

---

① Weissenstein 2003.
② Belluck 2006.
③ CBS 2003.

危害儿童、毒品犯罪以及"9·11"恐怖袭击事件的责任认定上。

在所有这些个案中,罪过的判定者都对某种重要活动(包括人命)的价值损失进行估计。他们判定行动者对损失所负的能力和责任。他们估算这种能力和责任所造成的损失,并寻求等同于估算损失的补偿。如果本人蒙受了损失,他们要求自己的牺牲得到承认。和功劳的归结者一样,罪过的判定者在自己人和他人之间,在作为好人的受害者和作为坏人的其他人之间画出一条泾渭分明的边界。如果仲裁方惩罚过轻,或宣称无人有罪,他们会变得愤愤不平。他们寻求的正义类似于古老的复仇原则:以眼还眼,以牙还牙,一报还一报。

以他们自己的标准来看,他们并不总能得到正义。司法体系有其条例、程序和程式。虽然法庭上屡见情感迸泻(戴德里安兄弟案即为一例),法官力图将其决策保持在既有准则的非情感轨道上。他们将讨论从大众正义转向一个"理性自然人"在这种情况下会做何举动。身为法学教授的小说家塞恩·罗森鲍姆(Thane Rosenbaum)对这一标准不以为然:

> 虽然理性自然人凭靠其绝对的道德盲视和无畏的平庸可以代表他的群体,但说到底,他是我们的模范公民吗?我们的行为是否应以他为参照?理性自然人确立了法律的门槛,但他是否同时实际上从道德角度考虑设立的是一个较低的门槛?这种"取中间值"的人性——行事谨慎、将自己藏在人群中间的普通公民——没有因深受道德勇气和美德感染而生

的内在动力。而在美国，正是这种人的操行被确立为我们所遵守的法律的标准。①

和许多受害者与当事人一样，罗森鲍姆希望正义能体现日常生活中的道德推理。许多司法正义的裁定对象对基于条例、程序和程式的判决感到不满，转而采取司法体系本身很少采用的两个步骤：抨击法院目光狭隘，并怪罪其他人，甚至整个其他群体。他们责难法官、陪审团、富人、有权者或自己耿耿于怀的作恶者群体。

在西沃威克一案中，幸存者和家属对法官提出指责，认为他剥夺了他们本应从一百条人命中获得的正当补偿。乐队经理和一位夜总会老板各被判处四年徒刑，另一位老板则免于牢狱之灾，代之以社区服务。法官本人承认，判决无法安抚幸存者的悲痛之情。连弟弟也说，自己情愿葬身火海。他试图加入受害人的队伍，加入群体边界的正义一侧。在这起案子中，正义度量表超出了司法体系。

死去的儿童的价值

罗得岛的正义度量表以负分黯然收场，部分原因是一百位火灾牺牲者多为初出茅庐的年轻人。大体而言，受害者越年轻，罪过就越大。第二章提到，新泽西的陪审团判给七岁的安东尼

---

① Rosenbaum 2004: 23.

娅·韦尔尼一亿多美元,以补偿醉驾司机五年前对其生命所造成的伤害。安东尼娅从车祸中死里逃生,但成了截瘫患者。车祸使她生不如死。在如今的美国,正义度量表对杀害或伤残儿童的行为尤其严判。

情况并非一贯如此。普林斯顿大学社会学和文化史学家薇薇安娜·泽利泽(Viviana Zelizer)的研究阐明了罪过在儿童死亡或重伤案估值中的角色。泽利泽指出,美国在19世纪发生了一项重大转变。由于农场和工厂里的童工越来越少,入学的儿童越来越多,儿童基本失去了对家庭的直接经济价值。幼童成为经济责任。但出乎意料的是,父母反而愈加珍视他们。

随着儿童死亡率的下降和家庭对孩子未来投资的增加,儿童之死不再被家庭视为父母面临的不可避免的困难。儿童从(低微的)市场价值变成无价之宝。与此同时,死于或伤于有轨电车和汽车下的青少年越来越多。"到了1910年,车祸已成为五至十四岁儿童的首要死因。"①

上述变化导致两个重要结果。首先,父母和儿童权益倡导者成功向政府施压,使街道交通得到管制,车祸对儿童的伤害有所减少。今天的美国人习以为常的独立铁路线、立交桥以及保护通道得以诞生。其次,对于过失致儿童死亡的案件,法院改变了合理赔偿数额的计算方法。长期以来,法官和陪审团一直试图解决一个问题:对于遇难的童工,如何以其未遇难状态下的家庭收入

---

① Zelizer 1985: 32.

潜在贡献为基准,对其家庭做出补偿。在一桩1878年的铁路案件中,一位雇主对五岁童工的预期收入进行作证,法院如此质证:

> 问: 我现在问你,你觉得[这个孩子]值多少钱?……你有一个十二岁左右的继子:你觉得他值多少钱——从五岁到二十一岁,值不值一万美金?
>
> 答: 是的,我觉得值;十二或十六岁到二十岁的男孩每个月值七十五或八十美金。①
>
> 问: 你不觉得这很不寻常吗?得到这笔钱的男孩难道不是很不一般吗?
>
> 答: 我想这确实不一般。
>
> 问: 假定一个男孩幼年阶段最后六年可获最高年均收入为七百二十美元……总额为四千三百七十美元。扣除三百六十美元的年均支出,即两千一百六十美元总支出,净收入是两千二百一十美元。②

陪审团同意这一裁决,将这位五岁儿童死亡案的赔偿金定为两千二百六十五美元。

一个世纪之后,美国法院在金钱方面的考虑完全不一样了。

---

① 泽利泽原书引文有误,译者已据 Arkansas Reports: Cases Determined in the Supreme Court of Arkansas, Volume 33 改正。——译者注
② Zelizer 1985: 142-143.(泽利泽原书引文和 Arkansas Reports: Cases Determined in the Supreme Court of Arkansas, Volume 33 记录皆如此,数字似有误。——译者注)

它们不再强调儿童长大成人前的潜在收入,转而关注其他方面:悲痛父母的心理创伤以及父母对子女未来的财务投资。法院开始对父母的主观情感价值损失(当期和预期)进行估算。相应地,原告方律师开始渲染遇难或重伤的儿童是多么不可替代,父母对他们的爱有多深。

在韦尔尼案中,主审法官给了陪审团如下指导:

> 如果你发现,伤残使韦尔尼无法过上圆满的生活,你可以增大韦尔尼在生活享受方面的损失估算,因为韦尔尼……有权因无法过上充实的生活而得到补偿。换言之,在评估生活享受方面的损失时,你应该考量韦尔尼的生命可能被缩短的值,并对这种损失加以补偿。①

辩护方律师后来成功申辩,指出陪审团不能从法律上确定预期寿命减少的补偿金额。上诉法院承认了主审法官的指导错误,但没有撤回对生活质量下降的补偿判决。摧毁儿童的未来生活,由此导致儿童对家庭价值的降低,这些都需要法律的责罚。

"当然,讽刺的是,"泽利泽指出,"儿童个人品质的不可替代性必定以其向现金等价物的转换为目的。"② 到了 20 世纪,儿童意外死亡赔偿金的数额高到了令人咋舌的程度;它的计算既包含对痛失亲人的感情补偿,也包含对致儿童死亡者的惩罚。赔偿金成

---

① Verni 2006.
② Zelizer 1985: 159.

为对损毁价值高昂之物负有责任的有能力者的责罚。

什么在20世纪起了变化？不是判定作恶者罪过的基本过程。罪过的判定者仍旧使用同一张正义度量表。他们关注同一场后果：儿童的死亡或伤害。他们找出肇事者，并评估肇事者在案件中的能力和责任。在此基础上，他们对肇事者所造成的伤害加以量化。但他们改变了对儿童生命的评估。19世纪的父母和法院侧重于儿童的收入损失；到了20世纪，父母和法院更看重两件无价之宝：儿童从美满生活中得到的欢乐，以及父母从抚养未来可期的孩子中得到的满足。（作为四个孩子的父亲，我愿为这些欢乐作证。）法院裁决的赔偿金扩展到对失去这些幸福的父母和伤残儿童的补偿。

伤害儿童的护理人员会使父母的正义度量表爆表。2006年10月，纽约州高级法院法官邦尼·威特纳（Bonnie Wittner）判处婴儿护理员诺埃拉·阿利克（Noella Allick）十年监禁。阿利克在家乡圣卢西亚（加勒比岛国）带大了两个孩子，之后来到纽约市，成为一名"婴儿护理员"。瓦妮莎（Vanessa）和帕特里克·多诺霍（Patrick Donohue）夫妇雇阿利克照料他们刚出世的女儿萨拉·简（Sarah Jane）。阿利克在萨拉·简出生五天时开始照料她。《纽约邮报》（*New York Post*）这样描述案件：

> 第二天，萨拉·简变得昏昏欲睡。她没有进食。
> 瓦妮莎记得阿利克曾说："没事。她吃得慢。"
> 到了两周时，萨拉被送回医院。

"我们压根没有怀疑她。"

但阿利克最终招认,自己曾猛烈摇晃新生的婴儿。

现在,萨拉的性命取决于物理治疗以及言语和职能治疗的效果。医院用高压氧舱来刺激她的大脑。她无法分辨面孔,无法爬行,也无法摄入固体食物,因为她的大脑不能传递咀嚼的信号,所以可能会噎住。①

重达二百四十磅的阿利克说,自己曾为了叫醒萨拉·简进食而摇晃她。摇晃损坏了婴儿的大脑。

阿利克还因摇晃另一名她所照料的婴儿被另行判处有期徒刑五年。在那起案件中,她致使该婴儿一根胳膊、一条腿、一根锁骨和两根肋骨骨折。新闻媒体称她为"恶魔护士"。(职业护士组织迅即强调,阿利克并非认证护士。②)判决结果出炉后,萨拉的母亲向阿利克哭喊:"你十年就出来了。我和萨拉却一辈子都完了。"③威特纳法官的表态和在罗得岛夜总会火灾案中对戴德里安兄弟做出判决的法官类似:

"无论我说什么,都无法让你心里好受一点,"她说道,"我希望,庭审过程的参与以及发言的机会能给你些许慰藉。"④

---

① Peyser 2006: 2.
② Nursing Advocacy 2006.
③ Italiano 2006: 1.
④ Italiano 2006: 2.

不过，毫无疑问，婴儿护理员的十年监禁无法抚平幼童的创伤，也无法将创伤转移到肇事者身上。法院通常做不到以眼还眼、以牙还牙。

在法院之外，对儿童不幸和伤残的罪过认定经常在父母间造成裂痕。在一项对儿童健康责任的深入分析中，卡罗尔·海默（Carol Heimer）和莉萨·斯塔芬（Lisa Staffen）记述了她们对一家危重新生儿诊所内父母的观察。一个案例是罗伯特（Robert），十八个月大的脑积水和脊柱裂患儿。罗伯特的父亲迈克（Mike）是一位建筑工人，刚回到前妻和三个孩子身边。罗伯特的母亲格洛丽亚（Gloria）和三个孩子（年长的两个孩子来自前一段婚姻）、十七岁的继弟及其十六岁的女友住在一起。

尽管格洛丽亚是罗伯特的主要照料人，但父母双方都认为对方对婴儿的病情负有责任。例如，当罗伯特因肺炎再度入院时，格洛丽亚抱怨道："[迈克]所有的孩子出院后都得了肺炎。"[①] 格洛丽亚坚持说自己

几乎将所有时间都花在照看孩子身上，尽管迈克指出她经常外出，将罗伯特和另外两个孩子丢给十六岁的"舅妈"照料。这不算最糟，迈克急忙强调，因为舅妈的家务能力和对孩子的疼爱不逊于格洛丽亚。他还抱怨，对于罗伯特需要的各种帮助，格洛丽亚所做甚少。他的老板建议将罗伯特送

---

① Heimer and Staffen 1998: 107.

到当地的施里纳（Shriners）医院，他们照做了，希望孩子的病情有所好转。①

在指责格洛丽亚疏于照料孩子时，迈克将自己置于群体边界的正义一侧，置于研究者海默和斯塔芬这一边。他将格洛丽亚归入罪责的一侧。即使我们的子女从未患上脑积水和脊柱裂这种重症，只要他们得过病或染上其他麻烦，我们就可能对格洛丽亚和迈克的互相指责不感陌生。对孩子的责任一再启用正义度量表。

有时候，父母会逾越群体边界，带来破坏性后果。亚历山大·马斯特斯（Alexander Masters）曾记录过斯图尔特·肖特（Stuart Shorter）不平凡的一生（与死亡）。在被一列夜班火车撞上之前，肖特大部分时间生活在英格兰牛津市的街巷里。他还住过牢房、精神病院以及临时公寓，有时一个人，有时和女友一起。在艰难的传记写作期间，马斯特斯和斯图尔特交谈了两年。马斯特斯记录了斯图尔特的一次人生经历，它被斯图尔特本人视为一桩不可告人的罪行：以杀害自己刚出世的儿子为要挟来对抗警察。

到了二十岁，斯图尔特时断时续地和女友索菲（他们生了一个儿子）住在一起。一天，有人在附近的一家酒吧告诉斯图尔特，索菲和他们的一个朋友有染。酒吧打烊后，醉醺醺的斯图尔特在街上晃荡了一阵，回家后看了几分钟的电视拳击节目，然后走到楼上的卧室，看到正在睡觉的索菲便上去做爱，被拒后勃然大怒。

---

① Heimer and Staffen 1998: 106.

他冲到楼下，抄起一把菜刀。据他本人的陈述，他说了类似"如果你他妈的不把手里的钱全拿给我，我就杀了你的全家"的话。①

索菲报了警。当警察抵达住所时，斯图尔特越过了群体边界，连对他抱有同情心的耐心的传记作者也难以容忍：

> 没有任何借口能为斯图尔特的罪行辩解，包括怀疑女友出轨、快速缴械、童年不幸、自杀企图或自暴自弃。当警察抵达斯图尔特的住所时，他做出令人瞠目结舌之举。"我拎着小崽子，手里还握着那把菜刀。我站在窗边说：'没错，如果有谁敢他妈的进到这个屋子里来，我就杀了他。'"②

警察夺下斯图尔特的菜刀，把他狂揍了一顿，从楼上一直打到楼下，打到马路上，打到警车上，最后把他带到警察局。"[他们]叫我杂种，踢我的蛋子儿和肚子，来回踹老子的脑袋瓜，他妈的。"③ 在牢房里，其他囚犯视他为幼童骚扰犯，对他避而远之。在他们眼中，斯图尔特罪恶滔天。

罪过不单是功劳的反面

伤害儿童的罪责凸显了罪过判定的大体流程。伤害儿童无疑将负有责任的能动者置于群体边界的错误一方；连老朋友都不愿

---

① Masters 2005: 120.

② Masters 2005: 122.

③ Masters 2005: 122.

搭理一个对孩子动手的人。但罪过的大小取决于对结果、能动性、能力和责任的评估。如果观察者或法院认定，能动者对孩子只造成了轻微伤害，能动者不具备伤害能力，或结果纯属意外，那么，罪过将大大减轻或烟消云散。比起功劳的归结，罪过的认定更要微显阐幽。

罪过的认定并不是功劳归结过程的简单倒置。认定罪过在五个方面有别于归结功劳：

- 首先，不言而喻的是，判定者评估的是价值的损失，而不是提升。
- 其次，相对不明显的是，判定者通常会仔细计算肇事者的角色，同时权衡行动、能力和责任。归结功劳时，评估者常有过分慷慨之嫌，忽略了运气和其他人对正面结果的贡献。就如在学院奖颁奖典礼上，朋友和家人经常共享同一项成就的功绩。但在法庭上以及日常生活中，罪过的判定要求对肇事者在负面事件中的所作所为加以精密计算。
- 再次，尽管领功者有时会夸大自己在正面结果中的能动性、能力和责任，逃避罪责的人往往尽一切可能**否认**自己在负面结果中的能动性、能力和责任。
- 第四，在评估损失时，人们通常要求对肇事者的责罚尽可能匹配损失。在归结功劳时，奖励和价值提升经常不相匹配：挽救了一条生命的英雄往往只得到一纸证书、一枚奖章或与达官贵人的一次握手。生命的侵害或损失则不同，幸存者要求公正的责罚和补偿。

- 最后，群体边界在功与过中有不同的表现。尽管功劳的给定总是将人划分为实至名归者和当之有愧者，它并不必然划分自己人和外人的明确界限。任何人都可以仰慕马拉松比赛的获胜者。罪过的判定则不同，它将对方置于法官、受害者和幸存者之外的另一方，两方泾渭分明。只有仪式化的忏悔和宽恕才能将肇事者引入自己人的阵营。

功与过的相仿之处就如哈哈镜里的人像之于镜子跟前的人。

既有的群体边界有时会将罪过弹向相反的方向，也就是拒绝承认自己人的过错。一段四十年前的往事表明了这一点。当时，青涩而拮据的我、妻子路易丝（Louise）以及三个孩子有一个难得的机会在普林斯顿大学待一年。我们负担不起新泽西州普林斯顿市中心的高房价。我们在几英里外找到了一套漂亮且租金低廉的大房子，方圆一英里①内还有谷仓和马棚。撞大运了！我们签了一年的租房合约。

我们后来得知，房主是一位在当地赫赫有名的人物——一名亲切但离过婚且嗜酒如命的普林斯顿毕业生，曾在摔跤项目上获得佩戴校名首字母标志的荣誉。不妨叫他"安迪"（Andy）。我们入住时，安迪的朋友仍在刷墙漆，并进行必要的修葺。但安迪并没有真正搬走：他暂住在谷仓里，并在我们不在的时候使用屋内

---

① 约 1.6 公里。——编者注

设施。与此同时,许多债主开始上门向我们讨要他欠下的债务。

我去欧洲开了几天会,事态在此期间开始恶化。安迪承诺搬走,但并没有搬;他的狐朋狗友四处游荡;水管装置更是问题不断:厨房水槽里的水直接排到地下室的地上。我从巴黎给家里打电话时,路易丝说她再也无法忍受了。我提醒她,合约已经签了。她去见了一位律师。律师听完她的描述,赞同我们确实有理由毁约并要回押金。他接着问房东的名字。路易丝说,叫安迪。律师回答道:"对不起,我不能接这个案子。他是我在普林斯顿的同班同学。"他拒绝越过将普林斯顿同班同学与其他所有人分隔的群体边界。路易丝雇了另一个律师,并找到了另一套房子。从法国返回不久,我们就搬走了。

发生在普林斯顿的这个小插曲和重大政治事件有相似之处。当国家领导人否认他们的军队犯下种族屠杀罪行时,当交战中的国家试图将血流成河的罪责推到对方身上时,当政党领袖拒绝惩处腐败的下属时,群体边界就取代了对负面结果中的能力和责任的常见评估。[①] 忠诚压倒了正义。

在判定罪过时,正义变得更为突出和严苛。当然,这意味着锦标赛、荣誉、晋升和关系网络的反向对应物。潮水一般的罪责替换了锦标,作弊者或输不起的人受到竞争者的一致谴责。一旦组织给前成员贴上品行不端的标签,从躲避到驱逐,惩罚就替代了荣誉。降职和贬黜替代了晋升。与此同时,关系网络中的赞扬

[①] 关于群体边界的一般性讨论,参见 Tilly 2005b。

变成了羞辱。例如，只有付出巨大的努力，将你的秘密在他人面前脱口而出的朋友才能重获你的信任。罪过在不同群体身上有不同的具体表现，但它们都涉及结果、能动性、能力、责任和群体边界的故事。不仅如此，一旦罪过判定，人们总要呼唤正义。

罪罚相抵

但我们如何知道自己见到了正义？日本天皇有一个答案。在吉尔伯特（Gilbert）和沙利文（Sullivan）的轻歌剧《日本天皇》（*The Mikado*）中，天皇抵达秩父市（Titipu），几乎在无意中戳穿了只有吉尔伯特和沙利文才能想出来的一系列密谋。刚一到达，天皇就自诩为一位"真正的慈善家"。为了支持他的说法，他唱道，自己如何希望"每个浪子 / 或多或少 / 都成为天真无邪的小溪 / 峨峨洋洋 / 万壑争流"。如何实现？

> 我的志向崇高远大
> 这一理想终将实现——
> 让惩罚与罪过相抵——
> 罪罚相抵；
> 让每个犯人不得好报
> 不情不愿地成为
> 天真无邪的欢乐源泉！
> 天真无邪的欢乐！

罪有应得的惩罚包括:

骗术数不胜数
招摇过市的江湖庸医,
我会让胆裂魂飞的外行
把他的牙齿
全部拔掉。
在星期一通俗音乐会上
音乐厅的歌唱家献声
巴赫的弥撒曲和赋格曲
以及其他"作品",再辅以
施波尔和贝多芬。
任何现形的骗子,
唯有束手就擒——
他将被打入——
连苍蝇也飞不出的
地牢中。
在那里他手戴过紧的指套
在赝品台布上
用弯曲的球杆
和椭圆形的台球
进行盛大的比赛!

> 我的志向崇高远大……①

天皇的高妙判决体现了因果报应（poetic justice）原则。对听者来说，判决恰如其分，因为它们完美地将惩罚和冒犯者理应受到的罪责对等起来。它们是一种报复。报复（retaliate）这个词能引起共鸣，因为它呼应了拉丁语 talio，后者表示类似于所造成的伤害的惩罚。之所以引起共鸣，可能还在于它遵循了一套被进化过程植入人脑的规则：以其人之道，还治其人之身。

博弈论这一博大精深的学术领域有助于我们认识一报还一报规则。博弈论的初学者往往从囚徒困境学起。警察拘捕了两名盗窃案的嫌疑人，并有足够证据判他们非法入侵。如果二人互相检举对方，他们都将因盗窃罪获判中等刑期。但只在至少一方检举另一方时，警方才能成功以盗窃罪起诉。在和嫌疑人单独交谈时，警察对双方均开出下列条件：检举你的搭档，我们只判你缓刑，除非他也检举你；拒绝合作，我们将判你非法入侵罪。

如果双方都拒绝接受警方开出的条件，他们都将被判非法入侵。但如果一个人检举，另一个人拒绝合作，检举者将被判缓刑，另一个人则因盗窃罪被判长刑期。警方确保两个囚徒在做出决定前无法互相沟通。由此产生困境：拒绝警方开出的条件，还是把罪过推给搭档？

我们大多数人无须面临狭义上的囚徒困境。但我们经常在更

---

① Gilbert 1941: 330-332.

宽泛的意义上遇到这一问题：如果我们向一个朋友伸出援手，但他不知回报，甚至以怨报德，我们该如何应对？严厉谴责，以牙还牙？还是给他一个改过自新的机会？

专业研究者将这个宽泛的问题称为重复囚徒困境。1979年，我在密歇根大学政治学系的同事罗伯特·阿克塞尔罗德（Robert Axelrod）组织了两场著名的计算机锦标赛。按照阿克塞尔罗德的设计，这两场锦标赛旨在找出为选手在重复囚徒困境中带来最大长期回报的策略。他邀请博弈理论家、计算机专家和自然科学家一试身手。

某些获邀的参赛者提交了精心设计的程序。在两轮比赛中，多伦多大学数学家、和平研究者阿纳托尔·拉波波特（Anatol Rapoport）设计的都是最简单的程序：一报还一报。一报还一报"只是以合作开场，之后重复另一位参赛者上一步行动的策略"。[1] 在两轮锦标赛中，拉波波特的一报还一报都是获胜者。脱去伪装，你会发现，一报还一报、以眼还眼和天皇的因果报应看起来都是一回事。它们都扬言进行视情况而定进行报复。它们在人的大脑中引起了共鸣。

在寻求正义时，普通人往往遵照阿纳托尔·拉波波特的做法。起初，他们一般都要求视情况而定进行报复。但这种在直觉上具有吸引力的要求违背了其他四条正义原则。我们不妨称之为致瘫（incapacitation）、威慑（deterrence）、改造（rehabilitation）和修

---

[1] Axelrod 1984: viii.

复（restoration）。对于罪过，它们的应对方式大有不同。区别大致如下：

致瘫对罪过回以关押、致残、致死或解除肇事者再度滋事的能力：把他们关起来，再扔掉钥匙。它既可以表现为让不听话的孩子上床睡觉，也可以是大规模驱逐和种族清洗。

威慑将注意力从具体肇事者转向潜在的作恶者，向其传递一般性信号：不要以身试法，否则将受到严厉惩罚。这既可以是手脚上枷，也可以是高调的核试验。

改造一般要求肇事者表示自责和悔改，但允许其回归作恶前的道德处境：证明你已悔过自新，我们可以让你回来。这既可以是简单的道歉，也可以是强制性再教育。

修复专注于振作受到侵害的群体，可能但不必然涉及报复、致瘫、威慑或改造：让我们共同面对悲伤，再与世界和解。这可以是祷告聚会，也可以是真相与和解委员会。

犯罪学家约翰·黑根（John Hagan）指出，20世纪80年代以来，美国的刑事政策不再以改造为主，甚至不再是报复，而转向以威慑为名的致瘫。美国政府将高犯罪率归咎于黑人男性。因此，政府试图以关押作恶者来降低犯罪率，并采用选择性致瘫策略。

鼓吹者认为,"将多数作恶多端者同其他人隔离开来"将大大减少犯罪。① 美国由此成为世界上入狱率最高的国家。

美国与 20 世纪 90 年代的南非形成了昭彰的对比。虽然彼时的种族隔离制度摇摇欲坠,但南非的监狱仍旧人满为患。就黑人男性来说,每十万美国人有三千三百七十人在押,每十万南非人有六百八十一人在押。② 美国黑人男子的入狱率几乎是南非的五倍之高。

在美国,多数监狱服刑惩罚的是与毒品有关的罪行。一种双重反讽或不公出现了:美国大部分硬性毒品的消费者并不是黑人,而是白人;刑期远超多数美国人判给硬性毒品消费的罪过。③ 威慑和改造并不像是这一政策的依据。这一政策更有可能的意图是具有报复色彩的致瘫和修复的结合:将最危险的坏人投入大牢,让担惊受怕的白人重新抱团,并回击黑人对白人造成的伤害。三者都固化了群体边界。但它们的共存说明,刑事政策不仅仅是一报还一报。它试图在互有冲突的目标之间找到平衡,而罪过的判处只是其中之一。

"9·11"之罪

以"9·11"袭击事件所引发的公共讨论为例,它无疑唤起了对报复、致瘫、威慑和修复的呼吁,尽管改造的色彩较淡。美国

---

① Hagan 1994: 164.

② Hagan 1994: 163.

③ Human Rights Watch 2002, Schneider 1998, Sentencing Commission 1995.

对阿富汗和伊拉克的入侵融合了上述所有缘由,将邪恶的"恐怖分子"这一宽泛的范畴作为惩罚对象。

但谁是作恶者?他们做了什么?2001年9月11日清晨,十九位年轻的中东男子分别从波士顿、纽瓦克和华盛顿杜勒斯机场登上四架客机。美国航空公司(American Airlines)11号班机从波士顿飞往洛杉矶,联合航空公司(United)175号班机同样从波士顿飞往洛杉矶,联合航空公司93号班机从纽瓦克飞往旧金山,美国航空公司77号班机则从华盛顿飞往洛杉矶。

起飞后不久,这十九个人就控制了飞机。劫机者将11号和175号班机转飞至纽约,并在早上8点46分和9点03分撞向世界贸易中心(World Trade Center)①双子星大楼。劫机者在9点37分将77号班机撞向五角大楼(Pentagon)。93号班机的乘客在劫机半小时后开始反抗。经历了乘客与劫机者的激烈搏斗,飞机未能如愿到达华盛顿特区,而是坠毁在宾夕法尼亚州尚克斯维尔镇(Shanksville)的一块田地里。机上人员无一幸免。

在世贸中心,大约一万五千名双塔工作人员成功疏散,但仍有超过两千人遇难,其中绝大多数事发时正在被撞楼层以上工作或开会。在撞向世贸中心的两架飞机上,包括劫机者在内的一百五十七人死亡。在五角大楼袭击事件中,飞机上的六十四人和地面上的一百二十五人遇难。纽约市消防局失去了三百四十三位消防员,纽约市警察局失去了二十三位警察。被劫的飞机、被撞的建

---

① 下文简称"世贸中心"。——译者注

筑及其周边地区当天共计近三千人遇难。① 这场大劫难迅即引发了一场围绕功过的全国性辩论。谁该为这些巨大的损失负责？

自杀式袭击不仅吓坏了美国人，让他们意识到"基地"组织的威胁。它们还使美国政府陷于窘境。被劫持客机的坠毁和大楼的坍塌导致近三千人丧生，航空公司、大厦业主和政府官员由此面临数额巨大、旷日持久的过失诉讼阴影。袭击事件还引发对政府本可以（以及本应）采取何种防范措施的质询。时隔五年，商界和政府共同策划了这场袭击的阴谋论在互联网上依然不绝于耳。②

"9·11"事件不久，美国国会开始分散罪责。它设立了一笔规模虽大但尚可管理的受害者赔偿基金（Victim Compensation Fund）。能证明损失并同意放弃诉讼的幸存者有资格获得对应于其损失的经济补偿。基金负责人肯尼思·范伯格（Kenneth Feinberg）和工作人员评估了几千份申请，考虑的因素大体包括死亡、伤害和财产损毁所造成的当期和预期经济损失。他们将受害者本可提供的无偿服务的商业价值纳入考量，但他们也对亲属遇难做了统一的补偿。谁有资格获得这项补偿（遇难者的子女、父母、兄弟姐妹、配偶、恋人等）成为激烈争论的焦点。③

然而，绝非所有获得补偿的人都对政府的反应感到满意。事业有成的丰信信托公司（Fiduciary Trust）基金经理罗恩·布赖特

---

① Commission 2004: 285–315.
② 参见 www.911truth.org。对主要阴谋论持怀疑态度的简介可参见 Kean and Hamilton 2006: 252–256, Cockburn 2006。
③ Zelizer 2005: 275–278.

韦泽(Ron Breitweiser)住在哈德逊河对岸的新泽西州。他遇难于世贸中心南楼,留下了遗孀克里斯滕(Kristen)和两岁的女儿卡罗琳(Caroline)。身为非执业律师的克里斯滕·布赖特韦泽成为"9·11"政治旋涡的核心人物。她后来就这段经历写了一本书,副标题为"一个'9·11'遗孀的政治教育"。布赖特韦泽在书中回忆到,"9·11"甫一发生,她伤心欲绝,几近疯狂。

2001年11月,"9·11"的两个月后,布赖特韦泽和律师就受害者赔偿基金的方案进行商谈,这使她走上政治道路。她不久后开始出席会议,为幸存者的权益呼吁。她开始和新泽西州的其他三位世贸中心遇难者遗孀密切合作:帕蒂·卡萨扎(Patty Casazza)、明迪·克莱因伯格(Mindy Kleinberg)以及洛里·范·奥肯(Lorie Van Auken)。四人令推三拉四的政客大伤脑筋:

> 我们因失去爱人而悲痛欲绝,但我们动力十足,因为我们怒火中烧、满含恐惧,因为我们相信自己的丈夫死得不值。我们知道有遇难者和幸存者之分。我们的丈夫成为无谓的遇难者。我们成了幸存者。本·拉登谋杀了三千人,其中四个是我们的丈夫。除非确信"9·11"永不再发生,否则,我们将追究到底。①

---

① Breitweiser 2006: 67.

这种彻查使她们卷入了"9·11"事件罪过判定的一再抗争之中。

几位遗孀还对政府的后续危机处理提出质疑。布赖特韦泽对受害者赔偿基金愤愤不平。她炮轰基金沦为国会的政治操纵工具，批评国会给予航空公司一百五十亿美金的损失补偿，却剥夺了富有遇难者（包括她的丈夫罗恩）的家属要求维持"9·11"之前生活水准的上诉权。① 她抱怨道，辩护律师积极为"9·11"事件中遇难的飞机乘客代言，帮他们起诉航空公司，却鼓励地面上的受害者接受赔偿基金。② 她和盟友还对政府不乏本·拉登图谋和劫机者本人的情报，却未能阻止袭击而提出尖锐的质疑。③ 她们要求厘清责任，也就是判定罪过。

尽管遇到了总统乔治·W. 布什和副总统理查德·切尼（Richard Cheney）的强大阻力（以后者为甚），几位新泽西遗孀要求设立"9·11"独立调查委员会的游说还是获得了成功。2001年10月，参议员乔·利伯曼（Joe Lieberman）、约翰·麦凯恩（John McCain）和罗伯特·托里切利（Robert Torricelli）率先向参议院提出法案，要求设立独立调查委员会。④ 没有"9·11"亲属等外在压力的推动，这一提案很可能不了了之。

白宫起初反对组建任何委员会，后又坚持自行任命委员会

---

① Breitweiser 2006: 76–77, 81–82.
② Breitweiser 2006: 80–81.
③ Breitweiser 2006: 110–117.
④ Kean and Hamilton 2006: 16.

主席，并拒不给予委员会任何传唤权。它最终在传唤权方面做出了让步，并同意由国会中的民主党领袖任命委员会副主席以及半数成员。布什总统任命曾向多位总统提供咨询的政坛常青树亨利·基辛格（Henry Kissinger）为主席。

布赖特韦泽生动描述了与基辛格在其华盛顿办公室会晤的情形。几位遗孀要求基辛格提供其客户清单，以核查有无利益冲突。基辛格同意将清单提供给"9·11"亲属和他本人选定的律师。其他遗孀当场指定布赖特韦泽为律师。始料未及的基辛格开始顾左右而言他，并于次日辞任委员会主席。① 时隔不久，前参议员乔治·米切尔（George Mitchell）也宣布辞任副主席。

几位遗孀最终如愿促成了调查委员会。委员会新主席是前新泽西州共和党州长托马斯·基恩（Thomas Kean），副主席是前民主党众议员李·汉密尔顿（Lee Hamilton）。总统顾问卡尔·罗夫（Karl Rove）和安德鲁·卡德（Andrew Card）请来了基恩，民主党领袖汤姆·达施勒（Tom Daschle）则说服已经身为委员的汉密尔顿共同执掌委员会。② 2003年3月，美国遭受恐怖袭击国家委员会（National Commission on Terrorist Attacks Upon the United States）在曼哈顿的亚历山大·汉密尔顿美国海关大楼（Alexander Hamilton U.S. Customs House）召开首场听证会，相隔不远就是已被夷平的世贸中心。

在听证会上，和布赖特韦泽并肩作战的明迪·克莱因伯格代

---

① Breitweiser 2006: 137–140.
② Kean and Hamilton 2006: 5–6, 12.

表所有遗孀进行陈述。她炮轰了劫机者纯属走运的官方理论：

> 关于"9·11"袭击，有一种说法是，情报部门必须永远万无一失，而恐怖分子只需走运一回。对9月11日毁灭性袭击的这种解释表面简单，实则大错。因为"9·11"恐怖分子并不只走了一回运：他们的好运降临了一遍又一遍。①

克莱因伯格历数了大量的情报失误和异常。她列举一系列政府失职行为，包括给十九个劫机者发放签证，给劫机者偷运违禁武器上飞机的机会，以及军事部门未能拦截被劫持的飞机。

其他证人也加入遗孀的队伍，纷纷质疑，恐怖袭击发生时，政府及其官员到底是不是在尽职保卫国家。在听证会上，听众时而掌声阵阵，时而嘘声四起。当"9·11"事件发生之时担任市长的鲁迪·朱利安尼（Rudy Giuliani）在委员会前作证时，场面异常热烈起来：

> 随着问题不断提出，听众席上的部分亲属变得义愤填膺。在听证会快结束时，[委员会成员]斯莱德·戈顿（Slade Gorton）详细说明了救援行动的成功，并问道："可不可以说，你们以四百零三条性命为代价，抢救了能力所至的99.5%或更多人命？"在回答时，朱利安尼提到，接到疏散指令的

---

① Kleinberg 2003: 2.

消防员选择坚守，抢救人命。听众此时开始喧嚣。有人叫道："对讲机的问题你怎么不说！"① 或"把我们放到小组里！"或"要不是你的无能，我儿子不会死！"。其他人也开始叫嚷，试图盖过他们的声音。许多人站了起来。②

尽管遗孀们持续施加压力，但委员会基本没有指名道姓，更没有厘清责任。布什政府的重要辩护人将指责斥为欲加之罪。

例如，司法部长约翰·阿什克罗夫特（John Ashcroft）和众议院司法委员会主席詹姆斯·森森布伦纳（James Sensenbrenner）均指责调查委员会成员杰米·戈列利克（Jamie Gorelick，十人委员会中唯一的女性）为克林顿的嫡系。戈列利克曾担任克林顿内阁司法部副部长。③ 围绕国务卿康多莉扎·赖斯（Condoleezza Rice）、赖斯的前国家安全助理理查德·克拉克（Richard Clarke）、国防部长唐纳德·拉姆斯菲尔德（Donald Rumsfeld）、副总统切尼和总统布什本人的证词，委员会卷入了巨大的政治旋涡。大多数政府支持者指责调查委员会破坏了反恐战争。

与之相反，几位遗孀批评调查和听证会百般掩饰。在她们看来，委员会执行主任菲利普·泽利考（Philip Zelikow，后任国务院特别顾问）只不过是政府的幌子。在泽利考的严密审查下，长

---

① 部分消防员的对讲机在"9·11"当天出现故障。——译者注
② Kean and Hamilton 2006: 229.
③ Kean and Hamilton 2006: 31, 199–200.

达五百六十七页的委员会报告于 2004 年 7 月出炉。① 它对劫机者的筹划行动和"9·11"事件做出了戏剧性的叙述。作为一名恐怖主义的专业研究者，我认为这份官方文件对"基地"组织在袭击事件中的角色做出了异常精彩的描述。②

这并非问题所在。委员会报告批评情报部门失职，尤其是中央情报局拒绝将关键情报与联邦调查局分享。报告呼吁彻底改革美国情报系统。但它拒绝将罪过归结到具体的人、组织或国家行政部门。显然，委员会的两党架构、前政府官员的掌控以及白宫的最终审核都使它难以认定美国政府官员的罪责。

几位遗孀对报告大失所望。她们希望罚当其罪。她们不乏支持者。颇具影响力的评论家本杰明·德莫特（Benjamin DeMott）如此表态：

> 经过整整四天的研读，我要说出明白无误的可悲真相：尽管工程浩大，《9·11委员会报告》是一场骗局和欺诈。它以闪烁其词来欺骗读者，本应坦诚却助纣为虐，它掩盖了亟须大白于天下的真相……委员会将过错分摊到所有人头上，从而无人承担罪责。对于历届政府所为与不为的原因，委员会语焉不详，隐藏了本有可能激活公共政治话语的选项（如

---

① Commission 2004. 2006 年 11 月，由于敦促美国政府在阿以冲突中采取更为积极的行动而引发公开论争，泽利考辞去了国务院职务，重新担任弗吉尼亚大学历史学讲席教授。
② 不管有无价值，我对恐怖主义的分析见 Tilly 2002b, 2004b, 2005a 以及 2006b: 137-150。

果畅所欲言的话）。①

"9·11"事件中的遇难者亲属、德莫特以及其他大量评论家要求划分群体边界，责任相关的政府官员在一侧，受害者在另一侧。

不出所料，两位委员会主席基恩和汉密尔顿否定了追究个人责任的可能性或正义性：

> 我们不认为这种做法会有任何帮助。首先，"9·11"并不是哪一个人的错。指名道姓，说这是乔·史密斯（Joe Smith）或玛丽·约翰逊（Mary Johnson）的错，把近三千美国人的殒命归咎于少数几个人，会引起不必要的过分关注。"9·11"并不是少数几个政府雇员犯错的故事；它是整个政府（两届政府以及众多官僚机构）未能认识到"基地"组织日益严重的威胁并做出相应调整，以及穷于应对恐怖主义的故事。我们无法在某个官员的错误或决策与"9·11"事件之间画出一条笔直的因果线。这起事件对于那种分析而言太过复杂了。②

两位主席拒不判定罪过。

不仅如此，布什政府还表态，他们将研究这份报告，而未承

---

① DeMott 2004: 2.

② Kean and Hamilton 206: 276.

诺采纳报告建议。政府的消极回应促使几位新泽西遗孀在2004年总统大选中为民主党人约翰·克里（John Kerry）和约翰·爱德华兹（John Edwards）助选。她们希望二人的当选能使报告的温和建议得到认真采纳，但这一希望随着败选而破灭。

其他美国人同样觉得"9·11"事件令人惊骇，他们和几位新泽西遗孀并不只是想阻止另一场灾难的发生。她们试图让公共机构归罪于人。结局对她们来说明确无误：发生在2001年9月11日的恐怖袭击。委员会以充分的证据表明，"基地"组织成员与这一结局有关。然而，除了"基地"组织的策划，几位遗孀希望对这一结果的能力和责任做出进一步认定。她们想知道哪些美国机构和官员有失职行为。她们要求罪罚相抵，并在有过者和无过者之间划出更清晰的边界。愿望落空后，她们满腔怒火、义愤填膺。

罪过常见于公共辩论、法庭以及日常生活中。尽管"正义"这个词单独听上去如沐春风般的温暖，它通常要求首先认定罪过，再对罪过加以惩罚。和功劳给定相比，罪过的判定更容易成为具有破坏性的持久习惯。友情、搭档或婚姻因为罪过的指认而破裂，这在生活中屡见不鲜。但如果通过报复、致瘫、威慑、改造或修复而得到成功落实，判定罪过便可以平息纷争。对于公正的罪过判定所带来的创造性破坏，我们理应抱有敬意。

第五章　胜利、失败与罪过的记忆

我的弟弟理查德（Richard）多少已是个德国人。尽管成长于伊利诺伊州，他研究德国历史近五十年，定居德国近四十年，有了德国家庭、德国口音以及德国人看世界的视角。与之相比，我的家庭一度颇为法国化，尽管没达到理查德德国化的程度。犬子克里斯（Chris）生于法国昂热。我们全家都曾在法国居住多年。当两家相聚时，我们常常比较法国、德国和美国的差异。

当理查德和生于维尔茨堡的贤良优雅的夫人伊丽莎白（Elisabeth）从康涅狄格州纽黑文市迁回德国时，我们全家从法国赶去探望。在这趟德国之旅中，两家人的一次郊游令我终生难忘。在代特莫尔德（Detmold）附近的茂密的条顿堡森林（Teutoburg Forest）中，我们和上百个德国人一起在赫尔曼纪念碑（Hermann Monument）下野餐。这是德国最著名的纪念碑，每年有两百万人来此参观。

"赫尔曼"是"阿明"（Armin）的误译。阿明是一位日耳曼战士，并曾是罗马帝国的盟友。公元9年，阿明在条顿堡森林击败了普布利乌斯·昆克蒂利乌斯·瓦鲁斯（Publius Quinctilius Varus）统率的三个罗马军团。按照罗马帝国历史学家塔西佗（Tacitus）在《编年史》（Annals）中的描述，这位曾经的罗马盟友是仍效忠于罗马帝国的日耳曼首领塞格斯特斯（Segestes）的政敌：

> 但瓦鲁斯时运不济，败于阿米纽斯（Arminius）①手下。尽管迫于全体日耳曼人的呼声，塞格斯特斯走上了战场，但他与阿米纽斯的关系并未改善。个人因素更加深了他对阿米纽斯的愤恨，因为他的女儿本已被许配他人，最后却被阿米纽斯娶走。②

但这里说的是操着法国口音的"罗马人"。在19世纪，阿明成为民族象征，代表了对拿破仑战争期间入侵并占领大片日耳曼领土的法国军队的奋起抗击。雕塑家恩斯特·冯·班德尔（Ernst von Bandel）于1838年开始建造这座爱国主义纪念碑，但直到1875年才完成任务。当时，普鲁士已在1870—1871年的普法战争中重创法国；拿破仑三世（Napoleon III）的第二帝国土崩瓦解；作为战利品，普鲁士从法国手中夺走了阿尔萨斯以及洛林的大部分地区；在普鲁士国王的领导下，德意志实现统一。

包括台基在内，雄伟的阿明纪念碑高出地面一百七十五英尺。阿明右手高举的宝剑直指法国，并刻有这样一句话："德意志统一即我之强，我之强即德意志之威。"但我们游客看不到宝剑上的刻字。尽管这尊巨大的雕像内部中空，有陡峭的楼梯直达雕像

---

① 即阿明。——译者注
② Tacitus 2006: 37.

头部和手臂，但游客只能上到第六十九级台阶，也就是雕像的脚部。不过我们见到了纪念碑的基石，上面有一段故意挑衅亲法分子的话：

> 献给阿米纽斯。你曾将罗马军团赶到莱茵河对岸，德意志人民感谢你保家卫国。倘若贪得无厌的法国佬胆敢再犯我们的莱茵河故土，请再次挥舞你的剑。①

功与过在这段苦大仇深的话中展现得淋漓尽致。1875年，齐心协力的德意志人羞辱了自大的法国人，并以此为功。对于法国人数十年的趾高气扬，他们予以有力的回击。

法国人的回应慢了一拍。1867年，加里波第（Garibaldi）正投身于意大利统一运动，拿破仑三世协助教宗抵挡住了加里波第军队的进攻。但到了1870年，疲于征战的法国撤回了军队，意大利的爱国者们占领了教宗国（Papal States）。德意志军队随后狠狠羞辱了法国，甚至俘虏了法国皇帝。法国人如何才能恢复自己的民族荣誉？一败涂地的普法战争甫一结束，法国的天主教徒就提议以两种手段洗刷全民罪恶与耻辱：发起一场围绕耶稣圣心（Sacred Heart of Jesus）的全民敬拜运动，并专门在巴黎建造一座教堂。相应地，他们将构想中的教堂命名为Sacré Coeur，意为圣心。

---

① An Arminius. Über den Rhein hast du einst Roms Legionen getrieben, und Germanien dankt dir, dass es heute noch ist. Schwinge ferner dein Schwert, wenn Frankreichs plündernde Horden gierig lechzend des Rheins heimische Gauen bedrohn.

这一计划的构想者亚历山大·勒让蒂（Alexander Legentil）在普鲁士大军逼近时逃离巴黎。他在外省立下誓言："倘若天主拯救了巴黎和法国，并解救了天主教宗，他将在巴黎全力建造一座献给圣心的圣所。"① 1873 年，天主教徒主导的国民议会通过决议，在巴黎最高的山丘蒙马特尔高地〔Montmartre，该词一个有争议的词源是"烈士山"（Martyrs' Mountain）〕建造这所教堂。这之后，筹款、购地和打造地基又耗费了十载光阴。

蒙马特尔高地原本和宗教就有千丝万缕的联系。在民间传说中，它是巴黎首任主教圣德尼（St. Denis）在 3 世纪末② 殉道的地方。就耶稣圣心而言，这种敬礼发轫于 17 世纪路易十四统治下的法国。1864 年，教宗庇护九世（Pius IX）为这一瞻礼的 17 世纪创始人玛格丽特-玛丽·阿拉科克（Marguerite-Marie Alacoque）③ 举行宣福礼。④ 到了 1873 年，阿拉科克和耶稣圣心已深受拥护君主制、反对革命运动的天主教徒的热爱。因此，圣心与蒙马特尔组合在 19 世纪 70 年代的法国具有非同寻常的意义。

蒙马特尔高地还是 1871 年巴黎公社打响第一枪的地方，从而又染上了浓郁的反宗教色彩。巴黎公社革命爆发于 3 月，打了败仗的政府命令军队移走蒙马特尔高地上的火炮，这些火炮在普法战争中未能抵挡住德意志军队。巴黎市民反对这一行动，执勤

---

① Harvey 1985: 226.
② 圣德尼殉道的时间应为公元 258 年前后，此处似不准确。——译者注
③ 华人天主教徒多称"玛加利大"。——译者注
④ 宣福礼（beatification），也称真福礼，是天主教会追封过世者的一种仪式，是封圣（canonization）四个阶段中的第三阶段。——译者注

的士兵也拒绝向他们开火。后来，部分群众在高地附近捉住并处死了两位将军勒孔特（Lecomte）和托马（Thomas）。勒孔特曾下令士兵向市民开枪，托马则指挥军队在1848年革命中残杀工人。1871年5月，在国家部队大肆屠杀公社社员之际，一些衔悲茹恨的社员谋杀了巴黎大主教。在蒙马特尔高地上，巴黎公社的世俗色彩和圣心的宗教形象针锋相对。尽管面临非宗教与共和派人士的激烈反对，圣心工程最终如愿获批。

1872年1月，新就任的巴黎大主教接掌这项工程。他在给勒让蒂的信中写道：

> 您已从这些人的真实视角看到了我们国家的病症。……无数人密谋反对天主和耶稣基督。背道之风盛极一时，招致兵燹之祸、外族入侵，连总角小儿也卷入战乱。由于蓄意欺骗，我们成为违逆天国的叛徒，坠入纲纪废弛的深渊。法兰西大地遍地麇沸蚁动，更严重的动荡却尚未降临。……这座圣殿的建造是悔罪和补偿的公众行动，……它将屹立在我们中间，象征我们对其他颂扬恶行与不敬的纪念碑和艺术品的抗议。①

大主教得偿所愿。教堂定址于巴黎最高的山丘上。

1875年，圣心堂开始地上施工。是年，德国人完成赫尔曼纪

---

① Harvey 1985: 239.

念碑的修建。这座引人注目的白色石灰华建筑竣工于 1914 年，正逢第一次世界大战爆发。不同于法国人在 1870 年的屈辱，德国人输掉了这场战争。重创德国之后，圣心堂和赫尔曼纪念碑一样，成为著名的旅游地标。如果你游览过巴黎，你很可能曾在圣心堂前驻足。这座教堂对法国人意义重大；它和圣女贞德（Joan of Arc）以及圣路易（Saint Louis）的骑马雕像一样，都象征了法国的军事命运。

在 1898 年的小说《巴黎》（*Paris*）中，身为共和派的世俗主义者埃米尔·左拉（Émile Zola）称圣心堂为"滑稽可笑的城堡"①。欧仁·奥热（Eugène Ogé）曾为共和派报纸《灯笼报》（*La Lanterne*）画过一幅产生了重大影响的反教权海报。海报上，一个面目狰狞的庞大神父缠绕在圣心堂四周，并遮住了整个巴黎。海报的口号是："敌人在此！"（*Voilà l'ennemi!*）②但对信徒来说，圣心堂代表了功与过的较量：保持信仰的功，削弱法国的过。

几乎所有人都有屈辱的记忆，都希望能予以回击。每个人都至少有一两件愤愤不平之事，但极少有人以纪念物来评功论过。我们将这项任务留给神父、诗人与政客。有些纪念物以砖头修建，如赫尔曼纪念碑和圣心堂。其他纪念物则体现为广为流传的故事、标志或艺术再现。本章考察人们如何以纪念物来评功论过。纪念物构建了集体记忆。

在讨论胜利、失败与罪过的记忆时，我们遇到了一个棘手的

---

① Emery 2001: 67.

② Emery 2001: 70.

问题。我们个人的记忆已足够糟糕：它具有选择性和自利性，有时甚至具有虚构性。① 集体记忆更为复杂。所有集体记忆都源于事态真相和缘由在不同表述之间的竞争。② 所有纪念过去的物什都推进了某种对其意义的解读，并同时压制其他解读。阿明纪念碑淡化了阿明曾与罗马帝国结盟多年，并向德意志人民推广拉丁语的事实。圣心堂的白色圆顶只字不提普法战争、巴黎公社以及神殿修建本身在法国引发的巨大分歧。

集体记忆的斗争围绕功与过展开。功与过均涉及后果、能力、责任以及群体边界的确立。每个要素都引发了拥护者的纷争。就功劳而言，竞争的焦点是哪个结果提升了价值，提升了多少价值，谁有引发这一结果的能力，他们多大程度上在知晓可能后果的情况下故意而为，还有谁应记上一功（哪怕只因对这一事业的支持）。法国的天主教保皇派为自己在举国上下的敌意和不敬面前仍保有信仰而庆贺。

就罪过而言，竞争关乎哪个结果破坏了特定的有价值活动，损毁程度有多大。它还涉及谁有能力和蓄谋的意图造成那些破坏，还有哪些人应承担责任（哪怕只是连带责任）。在普法战争和巴黎公社的法国全民讨论中，罪过比功劳引发了更广泛、更激烈的争论。两种罪责针锋相对：

- 一方面，天主教保皇派将打了败仗的帝国、共和派、巴黎

---

① Kandel 2006.
② Tilly 1994, 2003b.

公社社员以及世俗主义者视为一类，归入群体边界的错误一侧。
- 另一方面，世俗主义共和派谴责腐败帝国的余孽及其在教会中的溜须拍马者。

对于需要解释的结果（1870—1871年的政治崩溃），双方并无分歧。但对能力、责任和价值减损的判断几乎截然对立。在天主教保皇派看来，世俗主义共和派蓄意且有效地排斥宗教传统，整个法国几乎毁于他们手下。在世俗主义共和派眼中，法兰西第二帝国的王室作风、腐败以及与教会的妥协削弱了人民对强大民主制度的信念。当然，集体功劳与罪过通常互相交织：我们因挽救遭到敌人破坏的形势而被记上一功。正义度量表的两面互有影响。

战争记忆

相比其他人类活动，战争更易引发集体性的评功论过。即使是革命、自然灾害、政治腐败和经济危机，也不会引发对罪人与功臣如此之多的议论。归根结底，战争源于与生俱来的群体区隔。战争少不了生命与财产的损失，这在一些人看来必然是非正义的。无论输赢还是僵局，战争总以交战者在功过方面的集体诉求为结局。代价高昂但未获成功的战争（如法国和美国在越南的冒险行动）使功过问题复杂化；此时的问题不仅是军事对手，还包括我们如何落入战争的泥潭，以及谁应对此负责。

战争纪念物在和平协定后继续这场争论。虽以功劳为焦点，但战争纪念物也一直在展现功与过的相互作用。赫尔曼纪念碑和圣心堂都是对战争的纪念,尽管方式各异。在颂扬德意志战士的背后,我们看到了对法国的丑化。在法兰西信徒神圣化的背后,我们看到了对世俗主义者、共和派、激进分子和德意志入侵者的谴责。一条堑绝的群体边界限标示出了这种区别。

在西方社会,当整个社区或国家群策群力,打造标志性建筑时,他们通常会修建教堂、战争纪念馆或二者兼而有之。例如,福吉谷国家公园(Valley Forge National Park)纪念的是乔治·华盛顿为了迎击费城附近的英军,而于1777年冬季在此扎营备战的传奇经历。公园内的华盛顿纪念堂陈列了象征华盛顿部队的雕饰,陆军、海军和法国同盟军的旗帜,五十个州的印章,敬献给不同爱国义士的长椅,描绘华盛顿一生历程的窗户,以及入口处上方的《独立宣言》牌匾。在入口处旁,游客可以看到

> 一尊华盛顿塑像,"……主题为勇挑战争重担:虽面露焦虑,手里的宝剑却流露出坚定意志,全身的姿态展现出信心满怀"。这座小教堂很容易被解读为保家卫国理念的政治表述。它传递了一个信息:美利坚合众国是在乔治·华盛顿的领导下,遵从神的旨意的正义产物。①

尽管建筑风格千差万别,来自巴黎的游客不难看出,就象

---

① Mayo 1988: 72.

征意义而言,福吉谷公园与圣心堂存在惊人的相似之处。神保佑我们这个国家,不敬神者千方百计削弱它。群体边界的一侧是华盛顿、华盛顿的士兵、盟友以及所有爱国者,另一侧则是美国的(丑恶的)敌人。当然,在1777年,大不列颠属于敌人之列。敌人会变,群体边界却不会消失。

许多战争纪念馆并无大小教堂,神圣感却与生俱来。① 若引入商业性、世俗性或非爱国主题,你将吃不了兜着走!但这些场所到底代表什么样的爱国主义?相关纷争从未平息。与后来的"9·11"委员会以及重建世贸中心遗址的决定一样,位于美国首都华盛顿的越南战争纪念碑(Vietnam Veterans Memorial)引发了巨大的争议。修建纪念碑的想法首先由越战老兵提出。然而,在国会批准了占地两英亩的碑址后,纪念碑的设计竞赛由一个不含任何老兵的委员会负责。耶鲁大学建筑学院的学生林璎(Maya Lin)赢得竞赛;设计方案是V字型的花岗岩墙体,上面刻有以殉难时间为序的所有战争牺牲者的名字。它后来跻身华盛顿最受欢迎、评价最高的纪念场所之列。

而这项设计起初饱受争议。一开始,老兵团体对设计方案的抽象性提出了尖锐批评。许多人说,这项设计未能直接体现英雄主义,反而造成了越战老兵是战败者的印象。这些人的意见占了上风。距第一座纪念碑一百二十英尺的第二座纪念碑平地而起。它包含一根旗杆以及神情坚毅的"三战士"塑像。尽管如此,在

---

① Barber 1949.

这两座纪念碑的揭幕式上,老兵们仍怨声载道:

> 看看越战纪念碑,这个国家真是操蛋。不知道我们还要等多少年才能得到承认。
>
> 来这里纪念活着和死去的军人。这是我来这儿的原因。
>
> 我百感交集。纪念碑。我来这里的唯一原因是纪念碑上的三个名字。我想看看它们是不是在上面,就这么多。①

数以千计的人来这里找寻逝者的名字。纪念墙上刻有近六万个遇难和失踪军事人员的名字。与此同时,游客们为遇难战士评功论过。

美国在 21 世纪对阿富汗和伊拉克进行军事干预,美国人也终有一天将就如何纪念这两场行动做出集体决定。这两场战争的意义已经让美国人纠结不已。他们有时会将这两场战争与历史之战明确联系起来。当美国人侵伊拉克的消息传到阿拉斯加州荷马城(Homer)时,战争的支持者和反对者都在这个小城的战争纪念碑附近举行游行。尽管邻近的安克波因特(Anchor Point)只见支持战争的标语,荷马城却意见不一:

> 虽然每周六的安克波因特全是这场美国主导的伊拉克战争的支持者,但他们是在几周前才和派厄尼(Pioneer)与莱

---

① Mayo 1988: 204.

克(Lake)街角的和平分子站在一起的。这之前的几周,周一中午路过的人会在街角看见烛光静坐,那里也是荷马城的老兵纪念碑所在地。纪念碑前的抗议者引起了部分居民的不满,部分居民发起了一场针锋相对的反向示威。"我们想把街角要回来,"一位举着旗的示威者说,"你们怎么不为我们的战士祷告,却和伊拉克人站在一起?"一个路过的司机看到名为"黑衣女"(Women in Black)的团体为战争遇难者守夜,禁不住朝她们大喊。

但沙伦·怀特尔(Sharon Whytal)表示,老兵纪念碑这个地点象征了对所有在战乱中失去生命之人的关切。"没错,我们许多人去那里是为了悼念牺牲的老兵",怀特尔说道,并强调两个团体同时出现还具有以行动践行自由的强烈象征意义。

虽然据报道,两个团体之间有过一些不快,周一的示威却基本没有出现摩擦;近百人站在街角,双方平分秋色。手拿旗帜的示威群众站在人行道前,于路边一字排开。每当有路过的司机按喇叭或招手,他们就会挥舞旗帜,欢呼喝彩。在他们身后十五码[①]处是一排黑衣女成员以及不少同样身穿黑衣的男子,这群人在整个守夜过程中一直保持沉默。"两个团体同时表达各自的立场,我没觉得受到冒犯,"怀特尔借用了一个常见的抗议口号,"这就是民主的样子。"[②]

[①] 约13.7米。——编者注
[②] Homer News 2003.

双方达成了妥协。和赫尔曼纪念碑、圣心堂以及福吉谷一样，纪念碑可以同时成为敬拜与沟通的场所。但这种妥协有其界限。你能想象"黑衣女"将鲜血或红漆喷在附近的战争纪念碑上吗？这些神圣的场所是不容亵渎的！

在伊拉克战争问题上，立场有别的美国人并非总能和平共处。在富庶的旧金山郊区拉斐特（Lafayette），建筑承包商杰夫·希顿（Jeff Heaton）为在伊拉克战争中牺牲的美国人依山修建了一个纪念馆。据他说，他是在游览华盛顿的越南战争纪念碑时得到的灵感。希顿亲力而为的这个纪念馆展有四百五十个白色木制十字架，以及一个题有"悼念两千八百六十七位在伊拉克牺牲的美国军人"的 5 英尺 × 16 英尺[①]牌匾。随着战争的持续，对阵亡人数的强调让一些人勃然大怒。前海军中士琼·博纳迪奥（Jean Bonadio）就是纪念馆的极力反对者。开车路过山坡时，她停了下来，将牌匾拆毁。"我的第一反应是，'这对牺牲者是多么的不尊重啊'，"53 岁的驯狗师博纳迪奥女士说，"我没带工具，所以用手和脚把它拆了下来。"[②]

一个名为"老兵爱和平"（Veterans for Peace）的全国性组织在美国其他地区资助了类似的陈列：

> "老兵爱和平"的执行主任迈克尔·T. 麦克菲尔森（Michael T. McPhearson）在其他四个城市也陈列了十字架；

---

① 即 1.524×4.8768 米。——编者注
② McKinley 2006.

他承认，这些十字架有时会引发愤怒的反应。"他们指责我们不支持军队，还说我们不该组织守夜活动，"曾在第一次海湾战争中服役的四十二岁老兵麦克菲尔森先生说，"但我们觉得，正因为我们是老兵，我们服过役，我们有权利这样做。"①

作为许久以前参加过现已几乎被遗忘的战争（1950—1953年朝鲜战争）的老兵，我也觉得自己有权反对伊拉克战争。当然，我这样做就卷入了本书所描述的过程本身：划分群体边界。在荷马城、拉斐特和其他地方，伊拉克战争激起了围绕爱国者和破坏者之间真正边界的斗争。

总统排位

战争留下的远不止纪念碑。它们使总统或名垂青史，或声名狼藉。如果战争在其任内成功结束，所有人都会对总统刮目相看。如果发动了拙劣的战争，或未能阻止战争浩劫，总统往往声望大跌。下面这项调查可以给我们一些启发。2000年，保守的《华尔街日报》（*Wall Street Journal*）和更为保守的联邦党人学社（Federalist Society）共同对七十八位学者进行了问卷调查。西北大学法学教授詹姆斯·林格伦（James Lindgren）从法学、历史学和政治学三个学科的学者中抽取了政治立场兼顾的样本。② 表5.1

---

① McKinley 2006.
② Wall Street Journal 2000. 这项调查将总统任期过短的威廉·亨利·哈里森（William Henry Harrison）和詹姆斯·加菲尔德（James Garfield）排除在外。

列出了这些学者对小乔治·布什之前历届总统的平均排位。

表 5.1　学者对美国总统的排位，2000

伟大	
1. 乔治·华盛顿（George Washington）	2. 亚伯拉罕·林肯（Abraham Lincoln）
3. 富兰克林·罗斯福（Franklin Roosevelt）	
几近伟大	
4. 托马斯·杰斐逊（Thomas Jefferson）	5. 西奥多·罗斯福（Theodore Roosevelt）
6. 安德鲁·杰克逊（Andrew Jackson）	7. 哈里·杜鲁门（Harry Truman）
8. 罗纳德·里根（Ronald Reagan）	9. 德怀特·艾森豪威尔（Dwight Eisenhower）
10. 詹姆斯·波尔克（James Polk）	11. 伍德罗·威尔逊（Woodrow Wilson）
高于平均水平	
12. 格罗弗·克利夫兰（Grover Cleveland）	13. 约翰·亚当斯（John Adams）
14. 威廉·麦金莱（William McKinley）	15. 詹姆斯·麦迪逊（James Madison）
16. 詹姆斯·门罗（James Monroe）	17. 林登·约翰逊（Lyndon Johnson）
18. 约翰·肯尼迪（John Kennedy）	
平均水平	
19. 威廉·塔夫脱（William Taft）	20. 约翰·昆西·亚当斯（John Quincy Adams）
21. 乔治·H. W. 布什（George H. W. Bush）	22. 切斯特·阿瑟（Chester Arthur）

低于平均水平	
23. 本杰明·哈里森 （Benjamin Harrison）	24. 杰拉尔德·福特 （Gerald Ford）
25. 赫伯特·胡佛 （Herbert Hoover）	26. 吉米·卡特 （Jimmy Carter）
27. 扎卡里·泰勒 （Zachary Taylor）	28. 尤利塞斯·格兰特 （Ulysses Grant）
29. 理查德·尼克松 （Richard Nixon）	30. 约翰·泰勒 （John Tyler）
31. 米勒德·菲尔莫尔 （Millard Fillmore）	
失败	
32. 安德鲁·约翰逊 （Andrew Johnson）	33. 富兰克林·皮尔斯 （Franklin Pierce）
34. 沃伦·哈定 （Warren Harding）	35. 詹姆斯·布坎南 （James Buchanan）

战争是总统排位的关键因素。华盛顿、林肯和富兰克林·罗斯福这三位被评定为"伟大"的总统都指挥美国打了代价高昂但最终获胜的战争。"失败"总统的任期都属于和平时期，但学者们责怪富兰克林·皮尔斯和詹姆斯·布坎南未能阻止内战，安德鲁·约翰逊则因南北战争后糟糕的重建工作备受指责。沃伦·哈定在和平时期的内阁是唯一的例外：尽管腐败，它却得以避开战争不力的责难。即便如此，学者仍因其政府的孤立主义以及拒绝加入国际联盟（League of Nations）而给哈定打了低分。

可怜的哈定！他的声望一落千丈。在他于任内去世时（1923年），许多美国人认为他们失去了一位伟大领袖：

哈定的葬礼列车返回华盛顿，他将在此供人瞻仰，数以百万的民众专程排队致敬。"美国民众忽然意识到自己是多么爱戴这位白发总统（尽管他们不久就忘了此事）。……林肯去世后，从未有过如此迅速、自发的大规模公众悼念。"民众的悲痛被电台报道放大，这份悲伤之情是否甚于加菲尔德和麦金莱之死所引发的反应姑且不论，美国人的哀戚之情是发自内心的。支持者和反对者都不吝赞美之词。哈定的私人秘书乔治·克里斯琴（George Christian）的描述体现了超越党派的普遍想法："我失去了一生最好的朋友，所有美国人都失去了他们最好的朋友。"哈里·多尔蒂（Harry Daugherty）将哈定描述为"当代的亚伯拉罕·林肯"。[1]

到了后来，美国人开始因任人唯亲、政治丑闻以及在白宫的婚外情而批评哈定；还有人指控他隐瞒自己的黑人血统。

然而，社会学家加里·艾伦·法恩（Gary Alan Fine）认为，和其他总统相比，哈定声望跌落的主要原因其实不在于治国无方或官场腐败，而在于多数舆论领袖在他猝死后开始批评他。[2] 别忘了，直到去世几十年之后，林肯的民族英雄地位才被煞费苦心地建立起来。[3] 尽管哈定被盖棺论定为执政能力偏弱，历史对其最严厉的指控是损害了一个伟大的公职。这一论断为哈定的正义度量

---

[1] Fine 2001: 79.
[2] Fine 2001: 64.
[3] Schwartz 2000: 第2章。

表确立了基调。

现代总统竭力维护自己的历史声望。他们鼓励记者和历史学家对自己做出正面描述，配合修建藏有与自己有关的文件的总统图书馆，并在离任后参加相关活动，以确立自己伟大政治家的地位。因此，乔治·W. 布什离任后的工作尚待他完成。在2006年12月21日的记者招待会上，布什总统要求历史学家暂缓对他的评判：

> "这么说吧，所有人都试图在任期结束前书写这届政府的历史，"布什说道，"我还没读完乔治·华盛顿的材料。我的看法是，如果他们还在分析第一任总统，第四十三任就不该操心此事，而应该尽力做他认为正确的事，并做出必要的艰难决策。"[①]

对于第四十三任总统来说，恢复声望绝非易事。另一项调查体现了布什所面临的挑战。2006年，昆尼皮亚克大学（Quinnipiac University）的民调专家向包含一千五百三十四位登记选民的代表性全国样本发出问卷，要求他们列出1945年以来最糟糕的美国总统：

> 在美国选民选出过去六十一年最糟糕的美国总统时，对

[①] Hendren 2006.

民主党的强烈认同感将乔治·W. 布什总统推上这份榜单的首位。根据昆尼皮亚克大学今日［6月1日］发布的全国性民意调查结果，34%的选民选了布什，之后是理查德·尼克松（17%）和比尔·克林顿（16%）。在1945年以来最佳总统榜单上领先的是罗纳德·里根（28%）和克林顿（25%）。①

理查德·尼克松的低分并不令人意外。尼克松任内的污点包括水门事件、越南战争以及副总统斯皮罗·阿格纽（Spiro Agnew）因卷入腐败丑闻而辞职。唯一令人吃惊的是，不同类型（包括不同政党）的选民对尼克松的评价几无差别。几乎所有选民都将他排在最差总统榜的第二位。与之相反，在2006年的民调中，选民对吉米·卡特和比尔·克林顿的评价千差万别。不同性别、宗教、党派和年龄的选民对其评价大相径庭。一个最极端的例子是，34%的共和党人认为克林顿是最差的总统，而只有2%的民主党人持同样看法。②从而，克林顿在"最佳"和"最差"榜单上均名列前茅。

在2006年昆尼皮亚克大学民调中，没有任何一类选民将小布什选为1945年以来的最佳总统。尽管如此，不同类别选民的评价仍然不一。例如，56%的自称民主党人选民认为小布什是最糟糕的总统，却只有7%的自称共和党人选民持同样观点；42%的18—29岁选民给布什打分最低，而只有32%的年长选民将布什排

---

① Quinnipiac 2006: 1.

② Quinnipiac 2006: 9.

在榜末。①

事实上,对布什的幻灭感已蔓延至国外。《经济学人》(*Economist*)杂志长期支持布什的新自由主义政策和他发动的伊拉克战争。但到了2006年底,连《经济学人》也对布什总统的前景持悲观态度:

> 为了开战,[布什]不惜劳民伤财,并花费巨额政治资本,但他得到了什么呢?不仅国际局势比布什先生料想的更为复杂;迄今为止,他的政府在实现他的美梦上也是一败涂地。所以,布什先生在2007年的前景将颇为黯淡。在一败涂地地失去共和党在国会的主导权之后,布什总统看上去已经不打算在国内议题上有任何重大动作。海外事态更为严峻,美国军队深陷伊拉克和阿富汗战争的泥潭,更不用说令他如坐针毡的朝鲜与伊朗问题。②

在那一刻,布什总统还有两年时间重整旗鼓。为了带着正面的历史评价卸任,有待他扭转的局势不一而足。

尼克松从未恢复元气。在面临参议院弹劾(1974年)时辞去总统职务或许锁定了尼克松的历史命运。但越南战争在其任内惨淡收场,这无疑加重了他的罪过。罗伯特·麦克纳马拉(Robert

---

① Quinnipiac 2006: 9.

② Micklethwait 2006: 11.

McNamara）的1967年五角大楼文件更是使之雪上加霜。尼克松任内的1971年，这些文件被丹尼尔·埃尔斯伯格（Daniel Ellsberg）泄露给《纽约时报》，对尼克松的声望造成了严重破坏。麦克纳马拉的文件对美国政策的评估止于1967年，早于尼克松上任的1969年。但《纽约时报》指出，时隔四年，尼克松仍在奉行杜鲁门、肯尼迪和约翰逊政府的失败政策。

《纽约时报》将五角大楼文件视为对杜鲁门、肯尼迪、约翰逊和尼克松政权的声讨。在他们看来，这些文件记录了这几届政府的无知、无能以及在失败面前的表里不一。报社编辑如此评论：

> 四届政府将美国的政治、军事与心理赌注压在中南半岛上，涉入程度之深往往超出他们的预想。他们在1950年将大量武器装备运给法国人；从1954年起发起对北越的破坏行动和血腥战争；在1963年鼓励并教唆南越人推翻其总统吴庭艳（Ngo Dinh Diem）；在忽然浮出水面的1964年8月北部湾冲突中筹划、承诺并威胁采取进一步行动；为之后持续数年的战火精心制造舆论；1965年，在空军和陆军公开表态将作战到底的情况下，精心计算后得出结论，无论是在南越内部寻求和解还是和北越尽早谈判，均无法取得理想结果。①

和传记作家、政治史专家以及其他记者一样，《纽约时报》的

---

① New York Times 1971: xi.

编辑塑造了历史记忆。他们塑造了对越南战争、罗伯特·麦克纳马拉以及理查德·尼克松的记忆。

但有一点值得注意。如今,对华盛顿、林肯和富兰克林·罗斯福的记忆已达成一种均衡状态。传记作家继续润色他们的形象。他们有时能提升或降低某些总统的历史排序。但流传了几代的纪念碑、教科书、通俗历史、爱国演讲以及媒体形象都固化了对伟大总统的共同认识。后来人的修正难以彻底改变他们的形象或排位。

对于二战后的总统,这种固化尚未发生。知识界的穿针引线者[如现已去世的阿瑟·施莱辛格(Arthur Schlesinger)]继续修正约翰·F. 肯尼迪等总统的形象。根据《华尔街日报》专业人士的说法,肯尼迪目前处于中游。① 昆尼皮亚克大学的民调结果说明,尼克松的地位可能已基本确立。但克林顿和布什所收获的两极评价说明,对其总统任期的历史记忆在未来仍将是进一步商榷的对象。如果你有意修正美国人的集体记忆,请忘了乔治·华盛顿和亚伯拉罕·林肯吧。相反,你应把注意力放到比尔·克林顿或乔治·W. 布什身上,或同时以这两位总统为对象。

拉美战争领袖

并不是只有美国人喜欢构建对战争、军事领袖和总统的记忆。事实上,就纪念碑、节假日、街道名称、邮票以及货币上的头像

---

① Schlesinger 1965. 时隔四十年,此书修订版仍在印行。

而言，军事人物在拉丁美洲占据的公共记忆空间要大于美国。社会学家与历史学家米格尔·森特诺（Miguel Centeno）对整个拉丁美洲所有的这类纪念物进行了编目。他在巴拉圭、玻利维亚和秘鲁的大部分纪念物中发现了战争主题。① 然而，尽管内战不断、军人干政，但国家之间的战争要远远少于北美和欧洲。从而，西班牙独立战争（1808—1820）所带来的记忆比其他任何斗争都更为深刻：

> 独立战争在以和平为主旋律的拉丁美洲历史上占有重要地位。这一系列战争是军事上的不朽篇章，留下了诸多关于英雄、献身与忠诚的传说。它们是拉美爱国主义的辉煌一页：具有民族认同感的美洲人站了起来，奋起抗击共同的敌人。②

省名、国旗和国歌都承载了纪念拉美独立进程中的军事将领的职能。最值得一提的是西蒙·玻利瓦尔（Simón Bolívar），这位拉美独立英雄在集体记忆中占有举足轻重的地位。③

玻利瓦尔于1783年生于委内瑞拉加拉加斯（Caracas）的一个贵族家庭。1799年至1807年，他在欧洲度过了大部分光阴。之后，他重返委内瑞拉，开始从事政治活动。从1811年起，他在南美洲北部地区领导对西班牙的独立战争。战争持续了一段时

---

① Centeno 2002: 198.
② Centeno 2002: 204.
③ Centeno 2002: 204.

间。在王室和忠于王室的军队的追踪下，玻利瓦尔从委内瑞拉逃往新格拉纳达（Nueva Granada，即今天的哥伦比亚）。他在1813年重新占领了委内瑞拉，但在1815年自愿流亡至牙买加。1817年，他再度回归，组织了新的武装力量，并获得了更多的民众支持。到了1819年，玻利瓦尔建立了永久独立的大哥伦比亚（Gran Columbia）并独揽大权，这个新的共和国包括委内瑞拉和哥伦比亚。1821年，大哥伦比亚吞并了厄瓜多尔。不久之后，玻利瓦尔的军队和盟友解放了心有不甘的秘鲁。再过不久，新解放的国家被拆分为秘鲁和另一个独立国家，后者以解放者命名：玻利维亚。

然而，短短几年间，政治对手就削弱了玻利瓦尔的声望和影响。政敌和继任者避而不谈民族解放的功劳，却谴责他专权跋扈。在生命的最后阶段，玻利瓦尔远离波哥大（Bogotá）和加拉加斯，移居哥伦比亚的加勒比海沿岸。他死于1830年。1842年，玻利瓦尔的继任者何塞·安东尼奥·派斯（José Antonio Páez）将军终于松口，将他的遗体运回委内瑞拉：

> 他敦促国会，运回玻利瓦尔的遗体既理所当然，也是政治责任。"要让未来公众对这位解放者的缅怀建立在合法表达的全民投票基础上，且对其伟大爱国主义和人道主义的感激与崇敬之情与立法者的意愿相符。"在国内局势动荡不安，政治对手诉诸武力而非和谈之际，派斯和其他政客主动屈尊于他人的光环之下，将自己与玻利瓦尔的功绩联系起来，这无

疑是一步妙招。①

派斯下了一着可供理查德·尼克松和乔治·W. 布什效仿的棋，尽管这对于沃伦·哈定来说为时已晚。在政治上的权宜考量面前，瑜亮之争往往暂时搁置。玻利瓦尔成为拉丁美洲民族解放的最常见象征。玻利瓦尔广场（Plaza Bolívar）成为加拉加斯具有象征意义的城市核心。森特诺说："除了蒙得维的亚（Montevideo）和亚松森（Asunción），所有城市都有一座向解放者（Libertador）西蒙·玻利瓦尔致敬的主要塑像。"② 19 世纪 40 年代以来，"玻利瓦尔"在大部分拉美国家已成为爱国主义的代名词。

这里面包括委内瑞拉——玻利瓦尔的出生地。在 20 世纪 80 年代早期，一群在委内瑞拉军方任职的民族主义者成立了一个名为"玻利瓦尔革命运动"（Revolutionary Bolivarian Movement）的秘密网络。伞兵中校乌戈·查韦斯（Hugo Chávez）成为这一组织的领袖。革命运动组织几乎在 1992 年的一场军事政变中夺取政权。查韦斯在政变失败后入狱。他在监狱服刑期间，一些职位更高的军官试图在 11 月夺取政权。他们占领了一家电视台，并播放了一段录像。让政变领袖目瞪口呆的是，一个查韦斯的支持者将其换成查韦斯宣布推翻现任政府的录像。查韦斯因此在监狱多待了两年。

---

① Lynch 2006: 300.

② Centeno 2002: 213.

1993年，在查韦斯身陷囹圄之际，委内瑞拉总统卡洛斯·安德烈斯·佩雷斯（Carlos Andrés Pérez）因腐败指控遭国会弹劾，并被迫下台。但时隔不久，佩雷斯的继任者拉斐尔·卡尔德拉（Rafael Caldera）就遭遇了一系列危机：银行接二连三倒闭、暴力犯罪猛增、军事政变谣言满天飞，他本人也饱受腐败指控的困扰。查韦斯出狱后进入政坛，而此时，政治清盘的民间呼声此起彼伏。军事政变者的罪名让位于玻利瓦尔式清道夫的功劳。在1998年总统大选中，这位前政变领袖的唯一真正对手是一位前选美皇后。眼见查韦斯的支持度节节攀升，她中途退出了选举。

查韦斯以平民主义的立场参选，并以较大优势获胜。在查韦斯刚上台的1999年，他的支持者和反对者爆发了激烈的街头冲突。同年不久，这位新总统对菲德尔·卡斯特罗（Fidel Castro）统治下奉行社会主义的古巴展开国事访问，这凸显了他改造政府及其全球地位的计划。他开始从国有的委内瑞拉石油公司（Petróleos de Venezuela）收缴更多利润，并蚕食其远近闻名的独立性。查韦斯还重拾一种由来已久、在委内瑞拉人中颇为流行的领土诉求，对圭亚那西部的大片疆域宣称主权。委内瑞拉进入了为国家未来做斗争的新阶段。玻利瓦尔被一再提及。查韦斯渴望新解放者这一功劳。

接下来的七年，查韦斯利用对石油收入的掌控来巩固自己的权力，打击竞争对手，扶持拉美其他地区的平民主义，甚至抵抗敌意渐浓的美国。他安然度过一系列危机：由美国支持的2002年政变，国家石油公司在2002—2003年的集体反抗，同一时期的大罢工，以及美国支持的 2004 年罢免投票。作为回应，他步步紧逼，手段越来越严酷。查韦斯主导的司法人员控制了最高法院，强化了对侮辱或不尊重总统的禁令，并进一步监管大众媒体。与此同时，法院起诉了越来越多的政敌。这一切都打着"玻利瓦尔革命"的大旗。

查韦斯深受许多委内瑞拉穷人的爱戴。他以石油带来的财富打压异己。这一策略让他在 2006 年的总统大选中赢得了 63% 的选票，以压倒性的优势成功连任。玻利瓦尔的遗产仍有助益。乌戈·查韦斯的红衬衫成为他忠于解放者西蒙·玻利瓦尔的视觉象征：

> 周日上午的加拉加斯，投票工作在位于佩塔雷区（Petare）圣布拉斯（San Blas）贫民窟的西蒙·玻利瓦尔小学平静举行。在投票现场外，一些投完票的选民穿上红衬衫，戴上红帽子，以示对查韦斯先生的支持。"我是泛红派，绝对的红。"佩塔雷的无业人员卡洛斯·赫尔维斯（Carlos Gelvis）借查韦斯先生的竞选口号表明自己的立场。[①]

只要委内瑞拉人能在 19 世纪的西班牙帝国和 21 世纪的美帝国之间找到共同点，他们就有可能将二者相提并论。

功与过再次交织在一起。查韦斯成功将自己打造为拉美解放

---

① Romero 2006.

运动的一员。他将攫取的国家资产用来增进国民福利，因此被百姓记上一功。他还成功地将罪过推到美国这个显而易见的敌人身上。他与菲德尔·卡斯特罗统治下的古巴结盟，更是固化了社会主义改革者与资本主义入侵者的群体边界。集体记忆和当下政治在此合为一体。它们通常如此。

和解、报复或补偿

在构建胜利、失败与罪过的集体记忆时，人们有时会以纪念碑和其他纪念物来稳定群体边界一侧的当下政治。然而，他们往往也会诉诸三种上文提到的逻辑：和解、报复或补偿。

和解通常表现为仪式性的会面，之后是既往不咎的声明。因为某种不好的结果，两个朋友互相指责，第三位朋友此时说服他们和好如初。获胜者对待失败者慷慨大方；为了摆出姿态，两位战场上的敌人共饮一杯酒，一笑泯恩仇。最具戏剧性的场面是，真相与和解委员会将大规模内战中的受害者和作恶者撮合在一起；作恶者在得到某种赦免和宽恕的保证后，坦承自己犯下的罪行，之后举行当事人既往不咎、忘掉旧嫌的象征仪式。如果和解工作顺利，当事人将在未来展开合作。

对于公开道歉以及之后的互相承诺，集体和解的倡议者经常举出三条理由：宣泄、正义与权宜。第一条理由是，对历史错误的公开讨论可以让受害者不再悲伤，让作恶者减轻罪责。以正义为考量的理由主张：在作恶者有所反省并承诺悔过自新时，对其施以监狱服刑、惩罚性赔偿或羞辱仪式。权宜之计则放眼未来：

冲突不解决，合作难展开；让我们对历史事件及其理由达成共识，然后放眼未来的互惠合作。

宣泄、正义和权宜在1997年得到了共同体现，是年德国和捷克政府发布共同宣言《两国关系及未来发展》（On Mutual Relations and Their Future Development）。两国政府就两项严重错误达成共识：纳粹政府对捷克斯洛伐克的占领，以及捷克在二战结束后对苏台德地区（Sudeten）德意志族人的驱逐。

> 双方同意，过去的不公属于过去，因此两国关系将着眼于未来。正因为对各自历史的悲剧一页有着清醒的认识，双方才决心继续将理解和共识置于两国关系发展的优先地位；双方将继续忠于各自的法律制度，并尊重对方法律立场有别的事实。双方因此宣布，不让历史积怨带来的政治和法律问题对两国关系造成负面影响。①

权宜之计胜过了对宣泄和正义的考量。这份共同宣言使捷克共和国加入欧盟的申请更容易获得德国的支持。宣言是否体现了宣泄和正义原则？这取决于纳粹占领和驱逐德意志族人之间是否大致对等。一般情况下，和解要求在过错与过错之间画上等号。

集体**报复**则严格遵循以牙还牙的逻辑：你伤害了我们，所以你应该遭受同样的伤害。当肇事者和受害者之间存在泾渭分明的

---

① Barkan and Karn 2006: 9.

界限时，集体报复有两个优势。首先，它迎合了超越文化与历史时期的个人正义感。其次，它是一种简单的计算：你偷了我们的牛，我们也要牵走你的牛。但它也有两个巨大劣势。为了扮演英雄角色，鲁莽冒失者有可能恃强凌弱，欺负另一方的弱者。它还极易导致冲突升级，因为新的受害者可能会认为对方的报复远远超出了原罪，并认为这种报复威胁到了自己的信誉和声望。

从蒙塔古（Montagues）与卡普莱（Capulets）家族①或哈特菲尔德（Hatfields）与麦科伊（McCoys）家族②的世仇传说中，我们得以一窥冲突的升级。世代宿怨曾使南欧的大片地区生灵涂炭。③在矛盾频发的巴尔干半岛，一场被禁止的跨境活动引发了受侵害一方成员的报复。为了让自己的损失得到可见的补偿，受侵害者对边境的另一侧做出了某种伤害。

边境两方分属不同的宗族，而做出行动的群体多由每个宗族的年轻男子组成。引发宿怨的互动包括：

- 当众称一个人为骗子
- 杀害一个人
- 在房子附近杀害房子主人的护卫犬
- 侮辱一个男人的妻子
- 夺走一个人的武器

---

① 莎士比亚剧本《罗密欧与朱丽叶》中的两大家族。——译者注
② 19世纪两个长期冲突械斗的美国家族。——译者注
③ Allcock 2000: 388–390; 另参见 Blok 2001, Boehm 1987, Malcolm 1996, 1998, Mazower 2000。

- 对主人的款待以怨报德，例如偷盗①

上述互动损害的不仅是对方的荣誉，更是其宗族的荣誉。它引发了宗族成员与邻近宗族的"世仇"。宗族成员誓言找到并杀死对方宗族的一个成年男子。此时杀人者宣布大仇已报，两个氏族可能暂时停战。休战期后，最先挑起争端的氏族成员有可能立志报仇，从而掀起新一轮血雨腥风。

在流血冲突升级时，强势的第三方有时会介入，对久积的深怨加以控制或压制。但如果没有橄榄球赛场上的时钟那种严格执行的停战规则，或缺乏强有力的政府，世代相传的杀戮仍将长期持续。

世仇曾在欧洲其他地区屡见不鲜。上文提到，公元9世纪，日耳曼将领阿明和塞格斯特斯曾因阿明娶走塞格斯特斯之女而结下梁子。但从16世纪和17世纪开始，西欧政府或压制世仇，或将其引入司法程序，统治者收取巨额罚金，或收缴财产。② 巴尔干半岛的中央政府在历史上少有这种控制力。直到不久以前，世仇才基本终结。集体报复经常造成影响深远的破坏。

补偿对以牙还牙逻辑做了修改：你伤害了我们，所以你应该对我们予以对等的赔偿。秉承同一原则，你应该对我们所受的伤害做出道歉。在讨论关于补偿的几本书时，《泰晤士报文学副

---

① Malcolm 1998: 18–21.

② Ylikangas, Karonen and Lehti 2001.

刊》(*Times Literary Supplement*)评论家戴维·洛温塔尔(David Lowenthal)对这一行为感慨不已。洛温塔尔忘了罗纳德·里根总统曾在1988年向美国政府在二战期间关押的日裔美国人做出道歉，他抱怨道：

> 20世纪90年代的悔悟热开启了一个道歉的年代：比尔·克林顿就奴隶制道歉，托尼·布莱尔(Tony Blair)就爱尔兰大饥荒道歉，教宗就十字军东征道歉，澳大利亚设立了纪念原住民所受历史伤害的"国家道歉日"，现状却并无改善的迹象。事后认错是廉价的。这种认错无异于宣告，我们自己的罪和先人比起来是多么微不足道。人们苛责过去的罪人，痛斥他们不像今天的义人一样思考和行动。吹毛求疵的政论文章指责并羞辱历史上的作恶者，要求有关方面向受害者的后人做出道歉和赔偿。①

问题来了。受害者是谁？作恶者又是谁？受害者的后人或亲属是否该因这种伤害得到补偿？作恶者的后人或亲属又是否应对这种伤害承担责任？怎样才算充分的补偿？比起补偿几代人以前的损失，"9·11"袭击事件看上去要好办得多。

但近年来，对集体补偿的要求在美国内外变得越来越普遍，受到的支持也越来越多。社会学家约翰·托毕(John Torpey)对

---

① Lowenthal 2006: 3.

其中的理由做了探究。他强调两个关键因素的共同作用：犹太人和以色列因大屠杀而获得的赔偿，以及这一举动的推而广之：国家对在战争与和平期间遭受不公的群体做出赔偿。"补偿的推而广之，"托毕得出结论：

> 从而与其他现象有类似之处：人权观的兴起、受国际法管辖的次国家（substate）群体和个人的涌现，以及一般意义上的政治法制化。①

一旦某个团体的受害者身份获得认可，其他团体就可以彼唱此和。对补偿的要求通常结合了宣泄、正义与权宜原则。在这种观点看来，巨额赔偿使受害者得以放下受害经历，作恶者得以洗清自己的罪行。曾遭受压迫的群体要求得到公正的赔偿，要求压迫群体的后人对自己或先人造成的痛苦有所感受。政治活动家说，补偿能够达致和解，促成合作。

类似后果无疑不乏先例。但补偿政治有两个巨大风险。首先，它为律师、鼓动者等人提供了激励，他们有可能为自己捞好处，而不是将好处重新分配给真正的受害者。其次，它固化了群体边界，而不是淡化这一边界。试举一例，当美洲原住民因过去遭受的不公待遇获得财产权、税收减免、政府直接补贴等补偿时，上述两种情况经常发生。在美洲原住民和其他美国人之间的区隔凸

---

① Torpey 2006: 159.

显时，说客和律师们同时赚得盆满钵满。①

评功论过的公开化对民主产生了深远的影响。民主可以与群体边界共存。它提供了暂时弥合阶级、性别、宗教或宗族所致社会分歧的手段，而无须消灭这些分歧。但若写入律法或政纲，群体边界将对民主造成破坏。② 正由于此，我们才将废除财产要求、废除种族排斥以及承认妇女选举权视为具有历史意义的民主大捷。

功与过对民主造成了难题。本书多次指出，我们所有人都将大量精力耗在评功论过上。正义不仅是日常人际关系的关键内容，也在公共生活中扮演了重要角色。在寻求适当的功过评定时，我们常常求助于法院、立法机关以及其他政府机构，要求它们支持我们的对错判断。美国人及其律师经常要求法院不仅判处物质赔偿，而且判处惩罚性赔偿。③ 在一定限度内，成功提起赔偿诉讼促进了民主进程。它告诉世人，即使相对弱势，人们一样可以获得正义，一样可以让政府官员关切他们的福祉。

然而，一旦超出这些限度，以公权力评功论过会将群体边界引入政治生活。它还固化了私人生活中的群体边界。别忘了，受赫尔曼纪念碑鼓动的复仇情绪诱发了第一次世界大战，并让德国在一战失利后促成了纳粹掌权。围绕圣心堂以及这座天主教堂在法国公共生活中的应有地位的一系列纷争，在二十年后诱发了德

---

① Torpey 2006: 60–62.
② Tilly 2007: 第5章。
③ Greenhouse 2006; 参见 SourceWatch 2006。

雷福斯案件（Dreyfus case）中的恶性反犹太主义，引发了1905—1906年政教关系的深重危机，并成为20世纪30年代和40年代法国保守思潮复兴的源头。在请掌权者出面支持你的功过评定之前，还请三思而后行。

参考文献

Abbott, H. Porter (2002): *The Cambridge Introduction to Narrative.* Cambridge: Cambridge University Press.

ABC (2006): "Israel-Lebanon Cease-Fire Goes into Effect," ABC News International, abcnews.go.com/International/Mideast/wireStory?id=2309811, viewed 24 August 2006.

Allcock, John B. (2000): *Explaining Yugoslavia.* New York: Columbia University Press.

AP (2004): "Judge Reduces Damage Award for Victim of Ford Explorer Crash," Associated Press, 19 August, from LexisNexis 17 August 2006.

Ashforth, Adam (2000): *Madumo: A Man Bewitched.* Chicago: University of Chicago Press.

―― (2005): *Witchcraft, Violence, and Democracy in South Africa.* Chicago: University of Chicago Press.

Axelrod, Robert (1984): *The Evolution of Cooperation.* New York: Basic Books.

Baily, Samuel L. (1999): *Immigrants in the Land of Promise: Italians in Buenos Aires and New York City, 1870-1914.* Ithaca, NY: Cornell University Press.

Barber, Bernard (1949): "Place, Symbol, and Utilitarian Function in War Memorials," *Social Forces* 28: 64-68.

Barkan, Elazar, and Alexander Karn (2006): "Group Apology as an Ethical

Imperative," in Elazar Barkan and Alexander Karn, eds., *Taking Wrongs Seriously: Apologies and Reconciliation*. Stanford, CA: Stanford University Press.

Belluck, Pam (2006): "Sentencing in Deadly Nightclub Fire Only Adds to Anguish of Victims and Kin," *New York Times* online, 30 September 2006.

Besen, Yasemin, and Michael S. Kimmel (2006): "At Sam's Club, No Girls Allowed: The Lived Experience of Sex Discrimination," *Equal Opportunities International* 25: 172–187.

Blok, Anton (2001): *Honour and Violence*. Cambridge: Polity.

Boehm, Christopher (1987): *Blood Revenge: The Enactment and Management of Conflict in Montenegro and Other Tribal Societies*. Philadelphia: University of Pennsylvania Press. First published by University Press of Kansas, 1984.

Boltanski, Luc, and Laurent Thévenot (2006): *On Justification: Economies of Worth*. Princeton, NJ: Princeton University Press.

Bowles, Samuel (2006): "Group Competition, Reproductive Leveling, and the Evolution of Human Altruism," *Science* 314: 1569–1572.

Bozzoli, Belinda (2004): *Theatres of Struggle and the End of Apartheid*. Edinburgh: Edinburgh University Press for the International African Institute, London.

Breitweiser, Kristen (2006): *Wake-Up Call: The Political Education of a 9/11 Widow*. New York: Warner Books.

Brennan, Geoffrey, and Philip Pettit (2004): *The Economy of Esteem: An Essay on Civil and Political Society*. Oxford: Oxford University Press.

Brown, Richard Maxwell (1975): *Strain of Violence: Historical Studies of American Violence and Vigilantism*. New York: Oxford University Press.

Bruce, Robert V. (1993): "The Misfire of Civil War R&D," in John A. Lynn, ed., *Feeding Mars: Logistics in Western Warfare from the Middle Ages to the Present.* Boulder, CO: Westview.

Buell-Wilson (2006): 2006 Cal. App. Lexis 1089; 2006 Daily Journal DAR 9367, Benetta Buell-Wilson et al., v. Ford Motor Company et al., from LexisNexis 17 August 2006.

Carré, Françoise, Brandynn Holgate, and Chris Tilly (2005): "What's Happening to Retail Jobs? Wages, Gender, and Corporate Strategy," presented to the annual meetings of the International Association for Feminist Economics and the Labor and Employment Relations Association, Boston, January 2005.

CBS (2003): "Panel Hears of Club Fire Horror," CBS News online, 27 February 2003.

Centeno, Miguel (2002): *Blood and Debt: War and the Nation-State in Latin America.* University Park: Pennsylvania State University Press.

Cockburn, Alexander (2006): "Scepticisme ou occultisme? Le complot du 11-Septembre n'aura pas lieu," *Le Monde diplomatique* December 2006: 3.

Coleman, James E. Jr., and Mitu Gulati (2006): "A Response to Professor Sander: Is it Really All about the Grades?" *North Carolina Law Review* 84: 1823–1839.

Collins, Randall (1998): *The Sociology of Philosophies: A Global Theory of Intellectual Change.* Cambridge, MA: Harvard University Press.

Commission (2004) (National Commission on Terrorist Attacks Upon the United States): *The 9/11 Commission Report.* New York: Norton.

Copley (2004): "Award Reduced in Explorer Rollover," Copley News Service 20 August, from LexisNexis 17 August 2006.

Cushman, Fiery (2006): "The Declaration of Independence—A Lab Report," *In Character 3,* no. 1 (Fall): 50–61.

DeMott, Benjamin (2004): "Whitewash as Public Service: How the 9/11 Commission Report Defrauds the Nation," Harper's online edition, www.harpers.org/WhitewashAsPublicService.html, viewed 5 November 2005.

District Court (2003): United States District Court, Northern District of California, before the Honorable Martin J. Jenkins, Judge, transcript of proceedings, 24 September 2003, www.walmartclass.com/walmartclass94.pl, viewed 24 September 2006.

Dostoevsky, Feodor (1964): *Crime and Punishment.* New York: W.W. Norton. First published 1866–1867.

Drogin, Richard (2003): "Statistical Analysis of Gender Patterns in Wal-Mart Workforce," www.walmartclass.com/staticdata/reports, viewed 24 September 2006.

Education (1999) (U.S. Department of Education): "Taking Responsibility for Ending Social Promotion, Executive Summary," www.ed.gov/pubs/socialpromotion/execsum.html, viewed 21 September 2006.

Emery, Elizabeth (2001): "The Power of the Pen: Emile Zola Takes on the Sacré-Coeur Basilica," in Buford Norman, ed., *The Documentary Impulse in French Literature.* Amsterdam and Atlanta, GA: Editions Rodopi.

English, James F. (2005): *The Economy of Prestige: Prizes, Awards, and the Circulation of Cultural Value.* Cambridge, MA: Harvard University Press.

Feigenson, Neal (2000): *Legal Blame: How Jurors Think and Talk About Accidents.* Washington, DC: American Psychological Association.

Fine, Gary Alan (2001): *Difficult Reputations: Collective Memories of the Evil, Inept, and Controversial.* Chicago: University of Chicago Press.

Frank, Robert H., and Philip J. Cook (1995): *The Winner-Take-All Society: How More and More Americans Compete for Ever Fewer and Bigger Prizes, Encouraging Economic Waste, Income Inequality, and an*

Impoverished Cultural Life. New York: Free Press.

Friedman, Lawrence M. (1985): *Total Justice.* New York: Russell Sage Foundation.

Fukuyama, Francis (2006): *America at the Crossroads: Democracy, Power, and the Neoconservative Legacy.* New Haven, CT: Yale University Press.

Gilbert, W.S. (1941): *The Complete Plays of Gilbert and Sullivan.* New York: W.W. Norton.

Gilfoyle, Timothy J. (2006): *A Pickpocket's Tale: The Underworld of Nineteenth-Century New York.* New York: Norton.

Goodin, Robert E., Bruce Headey, Ruud Muffels, and Henk-Jan Dirven (1999): *The Real Worlds of Welfare Capitalism.* Cambridge: Cambridge University Press.

Greenhouse, Linda (2006): "Justices Weigh Limits on Punitive Damages," *New York Times* online edition, 1 November, viewed 1 November 2006.

Grimson, Alejandro (1999): *Relatos de la diferencia y la igualdad: Los bolivianos en Buenos Aires.* Buenos Aires: Editorial Universitaria de Buenos Aires.

Grimsted, David (1998): *American Mobbing, 1828–1861: Toward Civil War.* New York: Oxford University Press.

Hagan, John (1994): *Crime and Disrepute.* Thousand Oaks, CA: Pine Forge Press.

Hahn, Roger (1971): *The Anatomy of a Scientific Institution: The Paris Academy of Sciences, 1666–1803.* Berkeley: University of California Press.

Harvey, David (1985): *Consciousness and the Urban Experience: Studies in the History and Theory of Capitalist Urbanization.* Baltimore: Johns Hopkins University Press.

Hauser, Marc D. (2006): *Moral Minds: How Nature Designed Our Universal Sense of Right and Wrong.* New York: HarperCollins.

Heimer, Carol A., and Lisa R. Staffen (1998): *For the Sake of the Children: The Social Organization of Responsibility in the Hospital and the Home.* Chicago: University of Chicago Press.

Hendren, John (2006): "War Casts Heavy Shadow on Lame-Duck President," ABC News online, www.abcnews.go.com/Politics/story?id=2732453&page=1, viewed 1 January 2007.

Henrich, Joseph, Robert Boyd, Samuel Bowles, Colin Camerer, Ernst Fehr, and Herbert Gintis, eds. (2004): *Foundations of Human Sociality: Economic Experiments and Ethnographic Evidence from Fifteen Small-Scale Societies.* Oxford: Oxford University Press.

Henrich, Joseph, et al. (2006): "Costly Punishment across Human Societies," *Science* 312: 1767–1770.

Hoffman, Philip Seymour (2006): "Winner, Actor in a Leading Role," www.oscars.org/78academyawards/winners/01_lead_actor.html, viewed 6 September 2006.

Homer News (2003): "War Prompts Street Demonstrations," HomerNews.com, 3 April.

Human Rights Watch (2002): "Race and Incarceration in the United States: Human Rights Watch Press Backgrounder," www.hrw.org/backgrounder/usa/race, viewed 8 November 2006.

ICTJ (2007): International Center for Transitional Justice, "Mission and History," www.ictj.org/en/about/mission/, viewed 16 February 2007.

Italiano, Laura (2006): "Mom Hurls Wrath at Brutal Nanny," *New York Post* online edition, 27 October 2006, viewed 6 November 2006.

Iyengar, Shanto (1991): *Is Anyone Responsible? How Television Frames*

Political Issues. Chicago: University of Chicago Press.

Jasso, Guillermina (1999): "How Much Injustice Is There in the World? Two New Justice Indexes," *American Sociological Review* 64: 133–168.

Justice (2004) (U.S. Department of Justice, Bureau of Justice Statistics): "Tort Trials and Verdicts in Large Counties, 2001," November 2004, www.ojp.usdoj.gov/bjs/pub/ascii/ttvic01.txt, viewed 18 August 2006.

Kandel, Eric R. (2006): *In Search of Memory: The Emergence of a New Science of Mind.* New York: W.W. Norton.

Karatnycky, Adrian, ed. (2000): *Freedom in the World: The Annual Survey of Political Rights and Civil Liberties 1999–2000.* New York: Freedom House.

Kean, Thomas H., and Lee H. Hamilton (2006) (with Benjamin Rhodes): *Without Precedent: The Inside Story of the 9/11 Commission.* New York: Alfred A. Knopf.

Kinn, Gail, and Jim Piazza (2002): *The Academy Awards: The Complete History of Oscar.* New York: Black Dog and Leventhal.

Kleinberg, Mindy (2003): "Statement of Mindy Kleinberg to the National Commission on Terrorist Attacks upon the UnitedStates, March 31, 2003," www.9-11commission.gov/hearings/hearing1/witness_kleinberg.html, viewed 10 November 2003.

Koch, Christof (2004): *The Quest for Consciousness: A Neurobiological Approach.* Englewood, CO: Roberts and Company.

Lawcopedia (2006): The 'Lectric Law Library Lawcopedia's Law & Medicine Medical Malpractice Topic Area, www.lectlaw.com/tmed.html, viewed 10 August 2006.

Levy, Emanuel (2003): *All about Oscar: The History and Politics of the Academy Awards.* New York: Continuum.

Lindert, Peter H. (2004): *Growing Public: Social Spending and Economic Growth since the Eighteenth Century. 2 vols.* Cambridge: Cambridge University Press.

Liptak, Adam (2006): "Lawyers Debate Why Blacks Lag at Major Firms," *New York Times* online edition, 29 November.

Lowenthal, David (2006): "Beyond Repair," *Times Literary Supplement,* 24 November, 3–4.

Lynch, John (2006): *Simón Bolívar: A Life.* New Haven, CT: Yale University Press.

Maier, Pauline (1997): *American Scripture: Making the Declaration of Independence.* New York: Alfred A. Knopf.

Malcolm, Noel (1996): *Bosnia: A Short History.* Revised edition. New York: New York University Press. First published in 1994.

—— (1998): Kosovo: A Short History. New York: New York University Press.

Mansnerus, Laura (2006): "Court Overturns Jury Award against Stadium Concessionaire," *New York Times,* 4 August, B3.

Masters, Alexander (2005): Stuart: A Life Backwards. New York: Delacorte Press.

Mayo, James M. (1988): *War Memorials as Political Landscape: The American Experience and Beyond.* New York: Praeger.

Mazie (2005): "$135 Million Jury Verdict for Alcohol Liability," www.injurylawyernewjersey.com/article19.html, viewed 18 August 2006.

Mazower, Mark (2000): *The Balkans: A Short History.* New York: Modern Library.

McKinley, Jesse (2006): "Homemade Memorial Stirs Opposing Passions on Iraq," *New York Times,* 3 December, N30.

McKivigan, John R., and Stanley Harrold, eds. (1999): *Antislavery Violence: Sectional, Racial, and Cultural Conflict in Antebellum America.* Knoxville: University of Tennessee Press.

Mellies, Dirk (2001): "Die Bau-und Forschungsgeschichte des Hermannsdenkmales—ein Resümée," in Stefanie Lux-Althoff, ed., *125 Jahre Hermannsdenkmal: Nationaldenkmale im historischen und politischen Kontext.* Lemgo: Institut für Lippische Landeskunde.

Micklethwait, John (2006): "It's Still Down to George Bush," *The World in 2007.* London: The Economist.

Moran, Greg (2006): "Jury's Award in Rollover Cut in Half: But Ford's Request for a New Trial Fails," *San Diego Union-Tribune,* 20 July, B-1, from LexisNexis 17 August 2006.

Narayan, Deepa, and Patti Petesch, eds. (2002): *Voices of the Poor: From Many Lands.* Washington, DC: World Bank and New York: Oxford University Press.

Nasar, Sylvia, and David Gruber (2006): "Manifold Destiny: A Legendary Problem and the Battle over Who Solved It," New Yorker Printables 28 August, www.newyorker.com/printables/fact/060828fa_fact2, viewed 7 September 2006.

Nasrallah (2006): "Hizbollah Declares Victory," Yahoo! News 14 August, news.yahoo.com/s/nm/20060814/ts_nm/mideast_nasrallah_de_4, viewed 24 August 2006.

National Honor Society (2006): "Membership," www.nhs.us, viewed 18 September 2006.

New York Times (1971): *The Pentagon Papers.* Toronto, New York, and London: Bantam Books.

Nooyi, Indra (2005): "Indra Nooyi's Graduation Remarks," Business Week

Online, 20 May, www.businessweek.com/bwdaily/dnfl ash/may2005/ nf200505, viewed 23 September 2006.

Nursing Advocacy (2006): *Center for Nursing Advocacy,* "Nursing the Baby Nurses," www.nursingadvocacy.org/cgi-bin/, viewed 8 November 2006.

Oscarworld (2006): "Memorable Oscar Speeches," www.oscarworld.net/oscarspeeches.asp, viewed 7 September 2006.

Pellisson-Fontainer and Pierre Joseph d'Olivet (1858): *Histoire de l'Académie française.* Paris: Didier. 2 vols. Nineteenth-century edition of two books originally published in 1658 and 1729.

Pettai, Vello (2003): "Framing the Past as Future: The Power of Legal Restorationism in Estonia," unpublished doctoral dissertation in political science, Columbia University.

Peyser, Andrea (2006): "'I'll Blame Self Until I Die,'" *New York Post* online edition, 30 October, www.nypost.com, viewed 6 November 2006.

Quinnipiac (2006): "Bush Tops List As U.S. Voters Name Worst President, Quinnipiac University National Poll Finds; Reagan, Clinton Top List as Best in 61 Years," www.quinnipiac.edu/x1284.xml, viewed 3 December 2006.

Ramsey, Sarah H., and Douglas E. Abrams (2001): *Children and the Law in a Nutshell.* St. Paul, MN: West Group.

Raun, Toivo U. (1997): "Democratization and Political Development in Estonia, 1987-96," in Karen Dawisha and Bruce Parrott, eds., *The Consolidation of Democracy in East-Central Europe.* Cambridge: Cambridge University Press.

Roche, Daniel (1978): *Le siècle des Lumières en province: Académies et academicians provinciaux, 1680-1789.* 2 vols. Paris: Mouton.

Romero, Simon (2006): "Chávez Wins Easily in Venezuela, but Opposition

Protests," *New York Times,* 4 December, A10.

Rosenbaum, Thane (2004): *The Myth of Moral Justice: Why Our Legal System Fails to Do What's Right.* New York: HarperCollins.

Rotberg, Robert (2006): "Apology, Truth Commissions, and Intra-state Conflict," in Elazar Barkan and Alexander Karn, eds., *Taking Wrongs Seriously: Apologies and Reconciliation.* Stanford, CA: Stanford University Press.

Roth, Philip (2006): *Everyman.* Boston: Houghton Mifflin.

Sabato, Hilda (2001): *The Many and the Few: Political Participation in Republican Buenos Aires.* Stanford, CA: Stanford University Press.

Samuelson, Larry (2005): "Foundations of Human Sociality: A Review Essay," *Journal of Economic Literature* 43: 488–497.

Sander, Richard H. (2006): "The Racial Paradox of the Corporate Law Firm," *North Carolina Law Review* 84: 1755–1822.

Schlesinger, Arthur M., Jr. (1965): *A Thousand Days: John F. Kennedy in the White House.* Boston: Houghton Mifflin.

Schneider, Cathy (1998): "Racism, Drug Policy and AIDS," *Political Science Quarterly* 113: 427–446.

Schwartz, Barry (2000): *Abraham Lincoln and the Forge of National Memory.* Chicago: University of Chicago Press.

Scott, James (1985): *Weapons of the Weak: Everyday Forms of Peasant Resistance.* New Haven, CT: Yale University Press.

Sentencing Commission (1995): *Special Report to the Congress: Cocaine and Federal Sentencing Policy.* Washington, DC: United States Sentencing Commission.

Sourcewatch (2006): "Monsanto and the Pollution of Anniston, Alabama," www.sourcewatch.org/index.php, viewed 19 July 2006.

Stroock, Daniel (2006): "A Matter of Math," *New Yorker,* 11 September, 7.

Tacitus (2006): *Complete Works of Tacitus.* New York: The Modern Library.

Thomas, Landon, Jr. (2006): "On the Road with Jack and Suzy: Things to Do, Places to Go, Money to Make," *New York Times,* 2 November, C1, C5.

Tilly, Charles (1986): *The Contentious French.* Cambridge, MA: Harvard University Press.

―――― (1994): "Afterword: Political Memories in Space and Time," in Jonathan Boyarin, ed., *Remapping Memory: The Politics of TimeSpace.* Minneapolis: University of Minnesota Press.

―――― (1995a): *Popular Contention in Great Britain, 1758–1834.* Cambridge, MA: Harvard University Press.

―――― (1995b): "To Explain Political Processes," *American Journal of Sociology* 100: 1594–1610.

―――― (1996): "Invisible Elbow," *Sociological Forum* 11: 589–601.

―――― (1997): "Parliamentarization of *Popular Contention in Great Britain, 1758–1834,*" *Theory and Society* 26: 245–273.

―――― (1998): *Durable Inequality.* Berkeley: University of California Press.

―――― (2001): "Do unto Others," in Marco Giugni and Florence Passy, eds., *Political Altruism? The Solidarity Movement in International Perspective.* Lanham, MD: Rowman & Littlefield.

―――― (2002a): *Stories, Identities, and Political Change.* Lanham, MD: Rowman & Littlefi eld.

―――― (2002b): "Violence, Terror, and Politics as Usual," *Boston Review* 27, nos. 3–4: 21–24.

―――― (2003a): *The Politics of Collective Violence.* Cambridge: Cambridge University Press.

―――― (2003b): "Afterword: Borges and Brass," in Jeffrey K. Olick, ed,

States of Memory: Continuities, Conflicts, and Transformations in National Retrospection. Durham, NC: Duke University Press.

―――― (2004a): "Social Boundary Mechanisms," *Philosophy of the Social Sciences* 34: 211–236.

―――― (2004b): "Terror, Terrorism, Terrorists," *Sociological Theory* 22: 5–13.

―――― (2005a): "Terror as Strategy and Relational Process," *International Journal of Comparative Sociology* 46: 11–32.

―――― (2005b): *Identities, Boundaries, and Social Ties.* Boulder, CO: Paradigm Publishers.

―――― (2006a): *Why?* Princeton: Princeton University Press.

―――― (2006b): *Regimes and Repertoires.* Chicago: University of Chicago Press.

―――― (2007): *Democracy.* Cambridge: Cambridge University Press.

Torpey, John (2006): *Making Whole What Has Been Smashed: On Reparations Politics.* Cambridge, MA: Harvard University Press.

Trump, Donald J. (2004) (with Meredith McIver): *How to Get Rich.* New York: Random House.

USIP (2005) (United States Institute of Peace): "Truth Commissions Digital Collection," www.usip.org/library/truth.html, viewed 8 August 2006.

Verni (2006): 2006 N.J. Super. Lexis 229, Antonia Verni et al. v. Harry M. Stevens Inc. et al., from LexisNexis 18 August 2006.

Wall Street Journal (2000): "Hail to the Chief," www.opinionjournal.com/hail/, viewed 3 December 2006.

Washington (1796): "George Washington's Farewell Address," www.earlyamerica.com/earlyamerica/milestones/farewell/text.html, viewed 16 August 2006.

Wegner, Daniel M. (2002): *The Illusion of Conscious Will.* Cambridge, MA: MIT Press.

Weissenstein, Michael (2003): "Fire Inspections Questioned," *Woonsocket Call* online, March 4, 2003.

Welch, Jack (2005) (with Suzy Welch): *Winning.* New York: HarperBusiness.

White House (2002): The National Security Strategy of the United States of America, www.whitehouse.gov/nsc/nssall.html, viewed 17 August 2006.

Wilson, Edward O., ed. (2006): *From So Simple a Beginning: The Four Great Books of Charles Darwin.* New York: W.W. Norton.

Ylikangas, Heikki, Petri Karonen, and Martti Lehti (2001): *Five Centuries of Violence in Finland and the Baltic Area.* Columbus: Ohio State University Press.

Zelizer, Viviana A. (1985): *Pricing the Priceless Child: The Changing Social Value of Children.* New York: Basic Books.

——— (2005): *The Purchase of Intimacy.* Princeton, NJ: Princeton University Press.

Zuckerman, Harriet (1996): *Scientific Elite: Nobel Laureates in the United States.* Revised edition. New Brunswick, NJ: Transaction. First published in 1977.

译后记

查阅电邮记录，我于 2014 年 9 月完成《功与过》的中译初稿，之后分别对照英文原文和只看中文译稿各自修订一遍，再请友人黎路英通读一遍，最后于 2015 年 3 月 22 日发给策划编辑张晓辉。五个春秋过去，译稿终于得见天日，其中的离奇与曲折已不堪再提。令人不胜唏嘘的是，我在 2017 年初喜摘戴了十几年的"博士生"帽子，晓辉却在两年后猝然离世。

《为什么？》里有我一篇数万字的译后记（在中文修订版中扩充为代译序），受到不少读者的肯定。蒙后浪时任编辑马健兄不弃，有了为《功与过》写点文字的机会。然而，时隔多年，自己早已没有了当初意气风发、下笔千言的心境，这里姑且就此书做一点交代。

正如作者查尔斯·蒂利在序言中所说，他本人漫长的学术生涯以社会运动、政治革命、集体暴力和历史变迁等长时段的宏大主题为专长，《为什么？》和《功与过》可算专业领域之外的"大家小书"。但作为这位"21 世纪社会学之父"面向公众写作的尝试，它们的价值依然不可磨灭。不仅如此，蒂利虽以历史研究见长，却始终对社会理论（包括符号互动论等微观理论）抱有浓厚的兴趣，并在研究中自觉同马克思、韦伯和涂尔干等古典社会学家对话。我在《为什么？》的代译序中也提到，这两本书在一定程度上是深受结构主义影响的蒂利对 20 世纪 90 年代以来横扫整个西方社会科学界的"文化转向"的回应。

两本书内容各有侧重，可以分开阅读，但由于主题呼应、风格类似，放在一起参照可能会更有收获。《为什么？》告诉我们，不同类型的理由给出其实是人际关系建立、确认、协商或重塑的过程；用社会学的"行话"来说，社会结构的形成是行动者之间动态的互动过程。《功与过》提出了一个后续问题：人们为他人所作所为给出理由的社会后果是什么？如果说《为什么？》为我们揭示了一个纷繁复杂的理由世界，《功与过》则分析了理由背后的功劳与罪过的判定，并由此引出人类对正义的追求；换言之，评功论过的过程就是身份认同塑造、群体边界以及集体记忆成型的过程，而身份边界的划分与固化在罪过或过错的认定方面体现得尤为明显。从陀思妥耶夫斯基的小说到南非巫术，从奥斯卡奖到委内瑞拉政治，从美国独立战争到法德间的世纪恩怨，从越南战争到"9·11"袭击，蒂利将大小事件信手拈来，展现了社会学的无穷想象力。作为蒂利的学生，我在写这篇译后记之前又将全书通读了两遍，深感此书力透纸背。毫不夸张地说，《为什么？》和《功与过》深刻地影响了我的学术趣味和研究方向。

中译本问世，我首先想到了晓辉，一位见面不多却心灵相映的朋友。他曾兴致冲冲地告诉我，已促成后浪买下中文简体版权，并承诺负责稿件加工，可惜如今只能希望中译本能告慰他的在天之灵。翻阅晓辉生前发给我的电邮，看到一句"现在就是犬儒主义的人太多，所以以理想主义做事倒确实很需要"，不禁泣不成声。希望他在另一个世界里有好书和音乐陪伴。

马健是我所遇见的最认真的文字编辑，谢谢他对译稿一丝不苟的加工。虽然这迫使我又花了几个月时间逐字逐句校订译稿（如今已记不清自己前后过了多少遍），而且最终我在不少地方坚持己见，但他的工作确实使这个译本变得更好。感谢吴琼的辛勤劳作以及张鹏和高远致为中译本问世所付出的努力。

若非同为《红楼梦》爱好者的黎路英咬文嚼字，我肯定不会注意到译稿中的若干文字错漏——希望你有一个幸福的人生。郭伟娜曾编辑过本书前几页，在此表示感谢。

最后，中译本献给我的母亲刘玉珍，一位在晚年经历了风霜的女性——功劳都是你的，罪过都是我的。

李钧鹏

2019 年盛夏草于武昌南湖之滨

2020 年 8 月 11 日改定

出版后记

查尔斯·蒂利是20世纪下半叶和21世纪初世界最杰出的社会科学家之一,被誉为"21世纪社会学之父""美国最多产、最有趣的社会学家"。他的研究集中于宏观社会变迁与抗争政治,但本次推出的《为什么?》与《功与过》这两本书偏离了他之前的研究,它们所分析的是更动态、更微观的情景。

在《为什么?》中,蒂利探究人们给出理由的举动。他在此发现,每当人们彼此给出理由时,他们总在同时协商、建立、改变或确认彼此之间的关系。《功与过》的名字也十分直截了当,它所探究的是充斥在所有规模的社会生活中的人类评功论过的举动。这两本书是蒂利在面对自己所研究的主题时,为了获得更精准的分析而采取的新的路径,但是,它们同时也打开了面向普通读者的大门。

译者李钧鹏先生是蒂利正式指导过的最后一位学生,曾深深受到蒂利的影响。为报师恩,他在明知翻译艰苦的情况下,接下了翻译蒂利作品的工作,于是我们才有了眼前的译本。李钧鹏先生一方面因为熟悉蒂利的思想,在理解蒂利的理论方面有着独特的优势;另一方面,他在文字翻译上也颇下功夫,并邀请身边朋友细致校对。若无他的辛勤努力,这两本书无法以今日之貌面世。

另外，由于编辑水平有限，错漏之处在所难免，敬请广大读者批评指正。

服务热线：133-6631-2326 188-1142-1266

读者信息：reader@hinabook.com

后浪出版公司

2020 年 6 月

图书在版编目（CIP）数据

功与过：社会生活中的赏罚 /（美）查尔斯·蒂利著；李钧鹏译. -- 上海：上海文化出版社，2020.8（2021.11重印）
ISBN 978-7-5535-1981-4

Ⅰ. ①功… Ⅱ. ①查… ②李… Ⅲ. ①社会生活—概况—美国 Ⅳ. ①D771.28

中国版本图书馆CIP数据核字(2020)第086716号

Credit and Blame by Charles Tilly
Copyright © 2008 by Princeton University Press
All Rights reserved. No part of this book may be reproduced or transmitted in any form or by any means, electronic or mechanical, including photocopying, recording or by any information and retrieval system, without permission in writing from the Publisher.

图字：09-2020-362号

出 版 人	姜逸青
策　　划	后浪出版公司
责任编辑	赵　静
特约编辑	马　健　吴　琼
版面设计	董峰书
封面设计	尬　木
出版统筹	吴兴元
营销推广	ONEBOOK

书　　名	功与过：社会生活中的赏罚
著　　者	[美]查尔斯·蒂利
译　　者	李钧鹏
出　　版	上海世纪出版集团　上海文化出版社
地　　址	上海市闵行区号景路159弄A座3楼　201101
发　　行	后浪出版公司
印　　刷	华睿林（天津）印刷有限公司
开　　本	889毫米×1194毫米　1/32
字　　数	124千
印　　张	6
版　　次	2020年8月第一版　2021年11月第二次印刷
书　　号	ISBN 978-7-5535-1981-4/C.002
定　　价	50.00元

后浪出版咨询(北京)有限责任公司常年法律顾问：北京大成律师事务所
周天晖　copyright@hinabook.com

未经许可，不得以任何方式复制或抄袭本书部分或全部内容
版权所有，侵权必究

本书若有质量问题，请与本公司图书销售中心联系调换。电话：010-64010019